Emirate fürs Handgepäck
Dubai und Abu Dhabi

Emirate

fürs Handgepäck

Dubai und Abu Dhabi

Herausgegeben von Lucien Leitess

Übersetzungen von Alex Bischoff, Abier Bushnaq, Siegfried H. Engel, Marei Grundhöfer, Amr Kassem, Manuela Müller, Jessica Siepelmeyer, Riham Tahoun, Leslie Tramontini und Kerstin Wilsch

Unionsverlag
Zürich

Im Internet
Aktuelle Informationen,
Dokumente, Materialien
www.unionsverlag.com

Unionsverlag Taschenbuch 510

Rieterstrasse 18, CH-8027 Zürich
Telefon 0041-44-283 20 00, Fax 0041-44-283 20 01
mail@unionsverlag.ch

Verwendung der Karte auf der Umschlaginnenseite mit freundlicher Genehmigung des Reise Know-How Verlages, Bielefeld.
Reihengestaltung: Heinz Unternährer
Umschlaggestaltung: Peter Löffelholz
Umschlagfoto: Gian Marco Valente
Druck und Bindung: CPI – Clausen & Bosse, Leck
ISBN 978-3-293-20510-9

Inhalt

Blicke von außen

Ankunft an der »Piratenküste«, 1950

Wilfred Thesiger

Die Burgtore waren verriegelt, niemand war zu sehen. Wir luden unsere Kamele ab und legten uns im Schatten der Mauer zum Schlafen nieder. In unserer Nähe stand eine kleine Messingkanone, vom Sand halb begraben. Der Boden war schmutzig und mit dem Abfall einer sesshaften Bevölkerung bedeckt. Die Araber, die uns beim Tränken der Tiere zugesehen hatten, waren verschwunden. Geier segelten im gelben Himmel über den zerzausten Palmen, zwei Hunde paarten sich am Brunnen.

Gegen Abend trat ein junger Araber aus einem Seitentor, ging abseits in den Sand, hockte sich nieder und urinierte. Als er fertig war, rief Muhammad ihn herbei und fragte, ob die Scheichs jetzt »sitzen« würden, also Audienz erteilten. Der Knabe antwortete: »Nein, noch nicht.« Muhammad sagte ihm, er solle melden, dass ein Engländer aus Hadramaut gekommen sei und sie zu sprechen wünsche. Auf die Frage, wo der Engländer sei, deutete Muhammad auf mich und sagte: »Da ist er.«

Eine halbe Stunde später erschien ein graubärtiger Araber, richtete einige Fragen an uns und ging wieder in die Burg zurück. Bald darauf kam er wieder und bat uns herein. Er führte uns über einige Treppen in einen kleinen, mit Teppichen ausgelegten Raum, in dem der Herrscher von Abu Dhabi, Shakhbut, und seine Brüder Hiza und Khalid saßen. Sie waren nach saudi-arabischer Mode gekleidet und trugen lange weiße Hemden, goldbestickte Mäntel und weiße Kopftücher, die ihre Gesichter einrahmten und von einem schwarzen wollenen Stirnband zusammengehalten wurden. Shakhbuts Dolch war mit Gold verziert. Als wir eintraten, erhoben sie sich, und nachdem wir sie begrüßt und ihnen die Hand geschüttelt hatten, bot Shakhbut uns Platz an. Er war ein blasser zierlicher Mann mit zarten, regelmäßigen Zügen, einem sorgfältig gepflegten Bart und großen dunklen Augen. Er war höflich, ja freundlich, aber distanziert und sprach leise, seine Bewegungen waren gemessen. Obwohl offensichtlich von leidenschaftlichem Temperament, schien er sich fest in der Hand zu haben. Er machte einen misstrauischen Eindruck, was nicht weiter verwunderlich war, da von den vierzehn Männern, die vor ihm Abu Dhabi regiert hatten, nur zwei Herrscher eines natürlichen Todes gestorben waren. Acht waren durch Mord geendet, vier waren durch Aufstände, die ihre Familien angezettelt hatten, vertrieben worden. Hiza war ganz anders als Shakhbut. Er war groß und jovial, sein buschiger schwarzer Bart bedeckte die halbe Brust. An Khalid fiel mir vor allem ein wackeliger Schneidezahn auf, den er dauernd mit der Zunge bewegte.

Shakhbut bestellte Kaffee, den ein Diener in safrangelbem Hemd brachte. Nachdem wir Kaffee getrunken und einige Datteln gegessen hatten, erkundigte Shakhbut sich nach unserer Reise. Als ich im Verlauf des Gesprächs erwähnte, dass ich im Vorjahr die nähere Umgebung von Liwa besucht hatte, sagte Hiza: »Einige Awamir sprachen davon, dass ein Christ dort gewesen sei. Aber wir glaubten es nicht, weil wir es für unmöglich hielten, dass ein Europäer unbemerkt auftauchen und wieder verschwinden könne. Wie du weißt, sind die Bedu-

Nachrichten meist unzuverlässig. Wir dachten, das Gerücht müsse sich auf Thomas beziehen, der vor sechzehn Jahren die Wüste durchquert hat.«

Shakhbut sprach dann über den Krieg in Palästina und ließ sich heftig gegen die Juden aus. Bin Kabina, dem das böhmische Dörfer waren, flüsterte mir zu: »Wer sind die Juden? Sind das Araber?«

Später begleiteten uns die Scheichs zu einem großen baufälligen Haus in der Nähe des Marktes. Über eine wackelige Treppe kamen wir in einen kahlen Raum, der uns zu Ehren mit Teppichen ausgelegt worden war. Shakhbut übergab uns der Obhut von zwei Dienern, ließ uns mit der Bemerkung, dass wir sicherlich sehr müde seien, allein und versprach, am nächsten Morgen wiederzukommen. Unsere Kamele wollte er auf die Weide bringen lassen, wo sie sich einige Tage lang erholen mussten. Er meinte lächelnd, wir hätten ja eine weite Reise hinter uns und müssten auch erst wieder zu Kräften kommen. Er sagte: »Dies ist dein Heim, solange du bei uns bist.«

Als es dunkel war, brachten Diener ein großes Tablett mit Bergen von Reis und Hammelfleisch und vielen kleinen Schalen voll Datteln und verschiedenen Süßigkeiten. Nachdem wir gegessen hatten, setzten die Diener sich zwanglos zu uns und schwatzten. In einem arabischen Haushalt gehören die Diener zur Familie. Es gibt keinen sozialen Unterschied zwischen ihnen und ihren Herren, wie auch bei den Bedu keinen Unterschied zwischen Reich und Arm.

Kaufleute der Stadt und Bedu, die gerade in der Stadt weilten, kamen herein, um Neuigkeiten von uns zu erfahren. Die Sturmlampe blakte, weil ein Glas zerbrochen war, spendete aber genügend Licht. Es herrschte eine gemütliche, freundliche Stimmung. Wir genossen das Gefühl, nun eine Weile nicht mehr durch die Wüste ziehen zu müssen und nach Belieben essen und schlafen zu können. Ich empfand die kahle

Schlichtheit der Räume als wohltuend und fragte mich, weshalb man anderswo Räume mit Möbeln vollstopft.

Wir blieben etwa zwanzig Tage lang in Abu Dhabi, einer kleinen Stadt von etwa zweitausend Einwohnern. Jeden Morgen machten die Scheichs uns ihre Aufwartung. Gemessenen Schrittes kamen sie vom Schloss herüber – Shakhbut, eine imponierende Erscheinung im schwarzen Mantel, stets einige Schritte vor seinen Brüdern, denen ein Trupp bewaffneter Diener folgte. Wir unterhielten uns etwa eine Stunde, tranken Kaffee und aßen Süßigkeiten. Nachdem sie uns verlassen hatten, besuchten wir den Markt, wo wir, mit untergeschlagenen Beinen schwatzend und wiederum Kaffee trinkend, in den kleinen Buden saßen. Manchmal schlenderten wir auch am Strand entlang und sahen zu, wie die Daus dicht gemacht und mit Haifischtran behandelt wurden, um für die Zeit des Perltauchens gerüstet zu sein. Kinder spielten in der Brandung, und die Fischer brachten ihren Fang ein. Einmal hatten sie eine junge Seekuh dabei, die sich in ihren Netzen verfangen hatte. Das beklagenswerte und hilflose, abstoßend hässliche Geschöpf war etwa einen Meter lang. Das Fleisch soll gut schmecken, aus der Haut werden Sandalen gefertigt.

Am 2. April verließ ich Abu Dhabi mit meinen vier Raschid und einem Führer, den Shakhbut mir mitgab. Am 10. Mai trafen wir in Shardja ein. Wir streiften den Flugplatz und kamen dabei an Haufen von leeren Konservendosen, zerbrochenen Flaschen und rostigen Drahtrollen vorüber. In der Ferne dröhnte ein Generator, ein Jeep donnerte über die Straße und hinterließ eine stinkende Benzinfahne. Wir näherten uns einer kleinen Araberstadt an einem freien Strand. Sie war so schäbig und baufällig wie Abu Dhabi, aber ungleich schmutziger, da sie mit dem Unrat unserer Zivilisation übersät war. Mir kam das Skelett eines Automobils ungleich grauenhafter vor als das eines Kamels, an dem wir kurz nachher vorbeikamen.

Ich wohnte bei Noel Jackson, dem Political Officer der »Piratenküste«. In seinem ruhigen, behaglichen Zimmer vergaß ich vorübergehend den Groll, den ich am Morgen verspürt hatte. Später nahm er mich in die Royal-Air-Force-Kantine mit. Als ich der Unterhaltung der Offiziere zuhörte, während ein Radioapparat wimmerte und der Barmixer die Drinks auf den Tisch stellte, begriff ich, dass diese Menschen das Leben der Bedu ebenso wenig verstehen konnten wie Bin Kabina oder Bin Ghabaisha das ihre. Ich konnte nun die eine Welt mit der anderen ebenso leicht vertauschen, wie ich meine Kleidung wechselte, aber ich merkte, dass ich Gefahr lief, keiner von beiden mehr anzugehören. Befand ich mich unter meinesgleichen, dann spürte ich stets einen Schatten neben mir, der meine Umgebung mit kritischen und unduldsamen Augen belauerte.

In Shardja verabschiedete ich mich von meinen Gefährten. Ich hoffte, in vier Monaten wieder mit ihnen zusammenzukommen. Ich begab mich nun nach Dubai, wo ich bei Edward Henderson wohnte, mit dem ich während des Krieges in Syrien zusammen gewesen war. Er arbeitete jetzt für die Iraq Petroleum Company und traf Vorbereitungen für das hier geplante Projekt, von dem glücklicherweise noch nichts zu sehen war. Er wohnte in einem großen arabischen Haus über der Bucht, die die Stadt, die größte an der »Piratenküste«, in zwei Hälften teilt. In der Bucht lagen viele Eingeborenenschiffe vor Anker, andere hatte man auf das schlammige Ufer gezogen. Da waren Bum aus Kuwait, Sambuk aus Sur, Jailbout und sogar eine große stattliche Baghila mit hohem, geschnitztem Heck, auf dem ich das christliche Zeichen IHS in goldenen Lettern entdecken konnte, das wohl einmal von einer portugiesischen Galeone entlehnt worden war. Ich überlegte, wie oft man es seither kopiert haben mochte, bis auf den letzten Schnörkel genau. Kommandant Alan Villiers, der auf einer *bum* von Sansibar nach Kuwait gesegelt war, nahm an, dass es heute nur noch zwei oder drei solcher Baghila-Segler gebe. Die Engländer bezeichnen alle diese Schiffe als Dau. Aber die Araber verwenden dieses Wort längst nicht mehr. Einst waren die Daus Kriegsschiffe an dieser Küste, bemannt mit bis zu vierhundert Matrosen und bestückt mit vierzig oder fünfzig Kanonen. Miles sah die letzten in Bahrain, »backbords mit zwei Bändern bemalt«.

Im seichten Wasser tummelten sich nackte Kinder. Ruderboote fuhren die Bucht auf und ab, um Fahrgäste zu befördern, die aus den verwinkelten Gassen zwischen den hohen Häusern aus Korallenkalk mit ihren viereckigen Windtürmen und den reizvollen Gipsornamenten kamen. Hinter dem Häusergewirr der Wasserfront lagen die Suks, überdeckte Passagen, in deren dämmerigem Licht die Kaufleute mit untergeschlagenen Beinen in engen Alkoven zwischen der aufgehäuften Ware hockten.

Die Suks wimmelten von Vertretern aller Rassen. Da gab es den bleichen Araber aus den Städten; den bewaffneten Bedu, herrisch und wachsam; Negersklaven; Perser, Inder und Belutschen. Dazwischen sah ich eine Gruppe von Angehörigen des Kashgai-Stammes mit ihren charakteristischen Filzkappen und einige Somal, die mit einem Sambuk aus Aden gekommen waren. Hier verlief das Leben wie eh und je. Diese Menschen wussten noch immer Müßiggang, Höflichkeit und gepflegte Unterhaltung zu schätzen. Sie lebten nicht das Leben aus zweiter Hand, das Leben der Kinos und Radios. Ich hätte mich gern unter diese Menschen gemischt, aber nun trug ich europäische Kleidung. Als ich so durch die Stadt schlenderte, wusste ich, dass sie mich als einen Eindringling betrachteten. Ich selbst hatte das Gefühl, kaum viel besser als ein Tourist zu sein.

Die Perlenfischerei – Reichtum und Schrecken

Alan Villiers

Der Saison, die man den »Ghaus« nennt, müssen die Taucher stets mit Schrecken entgegengesehen haben; denn sie war von fast unerträglichen Mühen begleitet, und ihre Erträgnisse waren dürftig, wurden oft ungerecht verteilt und bisweilen sogar denen ganz vorenthalten, die einen Anspruch darauf hatten.

Perlentauchen ist im Persischen Golf ein uraltes Gewerbe. Immer gedieh die Auster auf den ausgedehnten Bänken an der Küste Arabiens. Die Beschaffenheit des Golfes, seine geringe Tiefe, die starke Erwärmung unter der stechenden Sommersonne – denn die Perlenauster scheint warmes Wasser zu lieben – und nicht zuletzt wohl die Nähe des großen und reichen Marktes in Indien haben die dortigen Gewässer zum berühmtesten und ertragreichsten Fanggebiet der ganzen Erde werden lassen. Um 1900 mögen zwischen siebzig- und achtzigtausend Menschen in diesem Gewerbe tätig gewesen sein. Ich möchte bezweifeln, dass heute viel mehr als zehntausend dabei ihr Brot finden. Statt fünftausend Fahrzeuge vor vierzig Jahren sind es noch tausend.

Die schlimmsten Auswirkungen der Depression sind inzwischen überwunden. Die Händler drücken es noch etwas anders aus: Schlimmer kann es eigentlich nicht mehr kommen, also können wir genauso gut wieder unser Heil versuchen. Ein Glücksspiel war es immer. Das armseligste Boot konnte die wertvollste Perle fischen. Bis zum heutigen Tage kann kein Mensch die besten Fangstellen und damit den Ertrag einer Saison voraussagen. In mancher Saison gibt es sehr viele, aber minderwertige Perlen. Ein andermal viele wertvolle. Wiederum kann der Fang in einem Jahr aus wenigen wertlosen Perlen bestehen. Manchmal bringt eine Bank einen hervorragenden Ertrag, alle anderen nur minderwertiges Zeug. Mehrere Jahre hintereinander kann ein Fanggrund unergiebig bleiben, um plötzlich ohne jeden erkennbaren Grund Austern mit ganz seltenen Perlen zu liefern. Man hat noch kein Gesetz und keine Regel gefunden.

Nichts anderes kann einem Nakhoda helfen als Spürsinn und Glück. Eine Wissenschaft dieser Fischerei gibt es nicht, die Bänke sind nicht einmal vermessen. Das Gewerbe wird noch immer wie vor Jahrhunderten ausgeübt, ohne jeden Taucheranzug, ohne jedes Gerät. Überall steht der Fang jedem offen, wenn in der Regel auch die der Küste vorgelagerten Gründe den Flotten der nächstgelegenen Häfen überlassen bleiben. Weiter draußen im Golf sammeln sich die großen Boote.

Ein geradezu selbstmörderisches Vorurteil verhindert die Einführung neuer Fangmethoden. Der Persische Golf, diese Heimstätte der Perlentaucher, kennt Taucher in unserem modernen Sinne überhaupt nicht. Die Araber tauchen, nachdem sie sich eine Klammer auf die Nase gesetzt haben. Das ist alles.

Erst als ich Perlenboote sah, wurde es mir klar, dass ich zum ersten Mal in meinem Leben wirklich überfüllte Fahrzeuge vor Augen hatte. Das Oberdeck eines in See gehenden Kuwait-Perlers erinnerte an den Bahnsteig der Untergrundbahn-Station Times Square in New York zur Hauptverkehrszeit, wenn lange kein Zug gekommen ist. Und sie liefen keinen einzigen Hafen an. Ich schreckte vor dem Gedanken zurück, mit ihnen auszufahren. Niemals konnte ich hoffen, in diesem Klima und unter solchen Bedingungen hundert Tage zu überleben, zumal ich mir nicht die geringste Erleichterung verschaffen konnte. Mag sein, dass ich ein eigenes Boot finanzieren konnte, wenn ich das gewollt hätte. Aber auf diese Weise hätte ich die wirklichen Lebensbedingungen jener Männer nie kennengelernt und mir nur etwas vorgemacht.

Nein, wenn ich schon mitfuhr, dann so, dass ich alles sah. Den ersten Einblick verschaffte ich mir bei einer Fahrt in dem bequemen Motorboot des britischen Residenten. Dann verabredete ich mit Scheich Mohamed Abdul-razzaq – die Würde des Scheichs war ihm als Ehrentitel verliehen –, dass ich ihn begleiten wollte, wenn er Perlen einkaufte. In Bombay setzte sein Vater sie für ihn ab. Er besaß eine Jalboot, ein großes Gefolge, ein rotes Bündel, in das alles mögliche geheimnisvolle Gerät geschlungen war, einen Schreiber und lebenslange Erfahrungen im Gewerbe. Außerdem war er ein guter Kerl, den ich gern mochte. Die Fahrt sollte von Kuwait über die Bänke und an der ganzen Hasa-Küste entlang nach Bahrein führen. Das werde mindestens einen Monat dauern. Es dauerte jedoch zwei, und nach Bahrein kamen wir nie. Aber interessant war die Reise, und ich lernte sehr viel. Eines schönen Morgens, Anfang August, verließen wir Kuwait. Scheich Mohameds Jalboot war etwa elf Meter lang, ein breites Dingelchen mit einem hohen Mast. Wir hatten schwer geladen: sieben Schafe, eine Tonne Reis, Trommeln voll Frischwasser, Kameldorn als Brennholz, einen Herd, vier Dutzend Flaschen Sorbet, sechs Koffer und drei Kisten, mehrere Tonnen Schaffutter – Gras aus dem Schatt-el-Arab –, zwei Hookahs, unendlich viele Süßigkeiten, Zucker und sonstige Lebensmittel für zwei Monate, zwölf Menschen und einen Kasten mit Rupien, der in einem dunklen Loch unter der Poop versteckt stand. Jeder hatte seine Schlafmatte, einen kleinen Teppich, und rings um die Poop waren Rückenkissen gelegt. Nachts, meinte der Scheich, könnten wir uns in irgendeine kleine Bucht verkriechen und am Strande schlafen. Das schien mir ein sehr vernünftiger Gedanke; denn an Bord war dafür wirklich kein Platz. Wir wollten von Schaffleisch leben, die Rupien, wo es ging, in Perlen umwechseln und fahren, wohin uns der Wind blies.

So versprach es eine schöne Zeit zu werden. Am ersten Tage, nachdem wir mit stundenlanger Verspätung versegelt waren, sahen wir nur sehr wenige Fischerboote und noch weniger Perlen. Am Abend liefen wir einen von Mauern umgebenen Ort an, der Shi'aiba hieß. Wir lagen allein; denn die Perler waren schon weiter südlich. So legten wir uns gleich nach dem Essen schlafen. Von nun ab trieben wir uns einen Monat lang in den küstennahen Gewässern des nördlichen Golfes herum, ankerten tagelang in der Dünung hinter einem Riff, während sich die Perlenflotte um uns drängte, oder verbrachten ein paar Tage bei Beduinen, die der Scheich kannte, wo wir von Kamelmilch und Schaffleisch lebten. Wir liefen stets dahin, wo gefischt wurde, und weilten bisweilen eine ganze Woche bei ein und derselben Bank.

Es bot sich immer wieder ein packendes Bild. Unzählige Fahrzeuge trieben mit ausgelegten Reinen, im Wasser panschten die fast nackten Taucher, und an Bord sangen und tanzten die Besatzungen, wenn sie die Sambuks auf einen neuen Liegeplatz verholten. Manchmal lagen sechzig, manchmal aber nur sechs um uns herum. Bei Morgengrauen wurden jedes Mal die am Vortag gefischten Austern geöffnet. Dann schnupperten wir nach Neuigkeiten und warteten auf die Jubelrufe, die unweigerlich den Fang einer besonders schönen Perle begrüßten.

Sehr bald hatte ich herausbekommen, dass Scheich Mohamed nicht darauf aus war, gute Perlen billig, sondern exquisite fast umsonst zu bekommen. Wenn er sie bekam! Sehr oft glückte es ihm nicht; denn die Nakhodas passten scharf auf und waren gar nicht darauf erpicht, an Händler zu verkaufen, die mit ihrem Motorboot kamen, solange sie noch auf steigende Preise in Bombay oder Bahrein rechnen konnten. Einige freilich mussten es notgedrungen tun, um sich wieder mit Datteln, Reis oder Wasser eindecken zu können.

Am liebsten war es natürlich dem Käufer, wenn er eine Perle fand, deren hohen Wert Nakhoda und Besatzung nicht erkannt hatten. Solche Steine waren selten, aber es gab sie. Der Scheich erzählte mir, dass eine scheinbar geringwertige Perle in eine selten schöne verwandelt werden konnte, wenn ein Kenner sie nur richtig behandelte. Er selbst war ein Meister in dieser Kunst und suchte stets nach einer solchen Möglichkeit. Viele freilich fanden wir nicht.

Blasige Perlen, die er geschickt löste; große, stumpfe, die er sorgsam schälte; verunstaltete, die er immer wieder abschabte, in der Hoffnung, nur die Oberfläche sei beschädigt und unförmig – alle diese kaufte er. Sie waren billig, in der Regel fünf Rupien das Stück. Die »Operation« aber dauerte oft tagelang, und meistens waren die Perlen danach keine Rupie mehr wert.

Die Blasen erwiesen sich als Auswüchse, die mit einer ganz dünnen Schicht von Perlsubstanz bedeckt waren, die verunstalteten blieben, wie sie waren, und die verfärbten behielten ihre wertlosen Eigenarten bis auf den Kern. Aber was machte das schon? Das Ganze war eben ein Glücksspiel. »Allah karim!« Eines Tages würde schon die Perle kommen, die fünf Rupien gekostet hatte und fünfhundert wert war. Wenn nicht gar fünftausend! Also lohnte das Risiko, die »Operationen« machten Spaß und vertrieben die Zeit. Davon aber hatten wir mehr als genug. Man verstehe mich recht: Ich will keineswegs behaupten, dass Scheich Mohamed Perlen »frisierte«. Das war ein Ding der Unmöglichkeit. Er versuchte lediglich, in einer Blase eine gute Perle, unter einer dicken und groben Haut einen wahren Edelstein zu entdecken, mehr nicht. Nichts, gar nichts »fälschte« er, dazu liebte er seine Perlen viel zu sehr. Jeder, der sich im Persischen Golf mit Perlenhandel beschäftigt, weiß nur zu gut, dass er nur ein- und verkaufen kann, wenn er ganz ehrlich verfährt. Offenbar wäre es nicht schwer gewesen, ein Päckchen japanischer Zuchtperlen unter die wirklich edlen zu schmuggeln, da sie doch so schwer zu erkennen sind. In Wirklichkeit ist ein solches Verfahren aber nahezu unmöglich. Dafür wird alles zu scharf überwacht. Wer es versuchte, müsste das Risiko sofortiger Hinrichtung in Kauf nehmen. Arabische Justiz verfährt summarisch und kennt oft keine Berufung. Selbst der Verkauf von Zuchtperlen auf einem arabischen Markt ist ein sehr schweres Verbrechen und wird mit Zuchthaus bestraft. Zuchthaus aber bedeutet, auf unbegrenzte Zeit in einem dunklen Verlies eingesperrt zu werden.

In Begleitung des Scheichs konnte ich in geradezu idealer Weise den Perlenfang studieren; denn alles durfte ich beobachten: Tauchen, Manöver, das Leben auf allen möglichen Fahrzeugen, Kauf und Verkauf, nicht zuletzt aber die »Operationen«. Ich erfuhr, wie die Händler sich gegenseitig den Rang abliefen, jeder begierig, vor allen anderen vom Fund einer herrlichen Perle zu hören, um sie zu erstehen, ehe der Preis in die Höhe getrieben wurde und der Nakhoda den wahren Wert des Steins entdeckte.

Wir verschwendeten überall Geschenke, um uns die Nakhodas zu Freunden zu machen und Hinweise zu bekommen. Hier ein Schaf, dort eine Büchse voll Süßigkeiten; ein Stück Kamelfleisch dem einen Freund, ein Pfund Tabak dem anderen. Neuigkeiten wanderten stets von Mund zu Mund, und die meisten stimmten nicht. Mehrmals jagten wir hinter angeblich gefischten großen Perlen her, fanden aber keine. Sehr schnell hatte ich heraus, dass die Händler immer schlecht Wetter machten. Unsere Besuche bei den Perlern wurden von Jeremiaden über die niedrigen Preise eingeleitet – und leider kamen sie der Wahrheit sehr nahe. Dadurch sollten die Hoffnungen der Nakhodas herabgestimmt werden. Waren wir erst einmal an Bord, so ließen wir uns viel Zeit. Nachdem jeder denkbare Gesprächsstoff durchgesprochen war, pflegte der Nakhoda in einen geheimnisvollen Winkel unter seiner winzigen Poop zu tauchen und eine Kiste zum Vorschein zu bringen. Oft war sie recht ramponiert und wurde nur durch Bindfäden zusammengehalten, aber immer war sie verschlossen. Der Schlüssel hing an einem Gurt, den der Nakhoda unter dem Gewand um den Leib trug.

Die Taucher sahen zu, wenn die Perlen gezeigt wurden. Langsam wurde dann die Kiste geöffnet, wie es sich für den Schrein, der so viele Hoffnungen barg, gehörte. Wir sahen alle zu, während verschiedene Bündelchen, in Fetzen roten Flaggentuches oder schwarzen Stoffs gewickelt, zum Vorschein kamen. Auf den kleinen Booten waren sie häufig als Eigentum der einzelnen Taucher gekennzeichnet, meist durch die Art ihrer Verknotung. An Bord der großen Schiffe ging alles in einen Topf, nur wurden die Perlen dort schon sortiert, aber nicht nach ihrem Wert; denn kein Nakhoda dachte daran, seine Perlen vor dem Ende der Fangzeit abzutaxieren. Er bewahrte sie getrennt auf, je nach den Bänken, von denen sie stammten. Die meisten Steine, die uns gezeigt wurden, waren wertlos, und das rote Tuch enthielt vorwiegend winzige Perlchen und verfärbte oder verunstaltete Exemplare. Immerhin, auch ein paar vollendet schöne waren dazwischen.

Gewöhnlich öffnete der Nakhoda ein einziges Päckchen und zeigte uns den Inhalt. Keiner machte sich die Mühe, ihn im Einzelnen zu prüfen, obwohl alle, soweit sie nicht gerade tauchten oder sonst wie beschäftigt waren, neugierig zusahen.

Mochten an Land Gaunereien vorkommen, hier draußen auf den Bänken schien zwischen dem Nakhoda und seinen Männern Vertrauen und Ehrlichkeit zu herrschen. Keiner behielt die von ihm gefischten Perlen, alle bekam der Nakhoda.

Oft schenkte der Scheich dem ihm vorgezeigten Päckchen nur einen ganz oberflächlichen Blick, tat so, als sei es nicht einmal einer Prüfung wert, bündelte es und warf es beiseite. So erging es bisweilen zehn oder zwölf hintereinander, ehe wir ernstlich von Geschäften sprachen. Es konnten Stunden vergehen, bevor der Schreiber, sein Bruder Mosa, die Siebe, Waage und alles übrige Gerät hervorkramte.

Wir pflegten im Beiboot der Jalboot zu den kleinen Fischern zu fahren und nahmen immer dieselbe Ausrüstung mit: einen Sack voll klimpernder Silberrupien, Scheich Mohameds rotes Bündel, einige Süßigkeiten und arabische Zigaretten als Geschenke. Jenes Bündel aber enthielt folgende Gegenstände: Vergrößerungsgläser, eine hübsche kleine Waage, zwei Satz Achatgewichte und ein paar ganz kleine Gewichte aus einem besonders leichten Metall, ein Buch in Hindustani über das Taxieren und den Wert von Perlen auf den Märkten in Bombay und Bahrein, einen Satz kleiner Messingsiebe, deren Löcher sehr sorgfältig gebohrt waren, um eine genaue Sortierung zu gewährleisten, und schließlich ein Stück rotes Tuch, um die Waage gegen den Wind zu schützen. Sie wurde in der Hand gehalten und war wohl kaum sehr zuverlässig, aber der Scheich besaß ein großes Geschick, wenigstens annähernd das Gewicht eines Fanges festzustellen, wobei er, wie mir auffiel, nie zu seinen Ungunsten wog. Alle kleinen Perlen warf er stets zusammen in die Schale und zog dann zehn Prozent für die hier und da noch an den Perlen klebenden Austern ab. So beiläufig das alles zu geschehen schien, so genau war die Prüfung, der zunächst wieder ein Austausch frommer Beteuerungen folgte. Doch endlich hieß es dann: Wie viel? Der Nakhoda zögerte meist sehr lange, ehe er einen Preis nannte, und der Scheich stets, ehe er etwas bezahlte. Dabei waren die Nakhodas über den Wert ihrer Perlen sehr genau im Bilde.

Der Dialog verlief etwa folgendermaßen:

Nach langer Pause, während deren er das rote Bündel befingert hat, sagt der Nakhoda zögernd: »Vierhundert Rupien.«

Scheich Mohamed lacht laut und ironisch, steht auf, als wolle er gehen, kommt zurück und packt seinen Kram ein.

Der Nakhoda: »Vierhundert Rupien sind wenig genug.«

Der Scheich: »Perlen finden keine Käufer. Das weißt du ja selbst. Was ich jetzt ausgebe, werde ich verlieren. Wenn du dafür vierhundert bekommst, will ich dir getrost sechshundert geben.«

Der Nakhoda: »Vierhundert!«

Der Scheich: »Ich biete zweihundertfünfzig. Mein letztes Wort. Perlen haben keinen Markt. Nicht eine gute ist in dem ganzen Bündel. Nur unsere alte Freundschaft veranlasst mich zu dem edelmütigen Angebot. Behalte sie meinetwegen und warte, ob dir jemand mehr bietet. Bei der Gnade Allahs, ich bin freigebig!«

Der Nakhoda: »Vierhundert. Denk doch, wie viele arme Leute sich darein teilen müssen. Zwei Monate haben wir nach diesen edlen Perlen getaucht – zwei harte Monate! Sie sind vierhundert Rupien wert.«

Der Scheich: »Allah karim! Ich kann nichts daran ändern, wenn die Preise so schlecht sind. Ich bezahle, was sie wert sind. Du kennst mich. Aber ich kann nicht mehr geben, als sie wert sind. Schlechte Zeiten, alle Märkte sind schlecht. Schlecht; sehr, sehr schlecht!«

Nun folgen viele fromme Ausrufe, die auf die Besatzung einen tiefen Eindruck machen.

Auch der Nakhoda kann da mithalten. Dann sagt er betrübter als je zuvor: »Vierhundert Rupien.«

Eine Stunde vergeht. Die frommen Beschwörungen reißen nicht ab. Das rote Tuch ist drei-, viermal geöffnet und wieder verknotet worden. Die riesigen Taucher wärmen sich an dem winzigen Herd und starren uns an. Plötzlich ergreift Scheich Mohamed die Hand seines Bruders, über die er ein Tuch wirft, damit die Zuschauer nicht sehen sollen, was er mit ihm beredet; denn durch das Medium der Finger unterhält er sich über den Wert der Perlen. So beratschlagen die Händler immer. Ich sehe, wie die Hände geschäftig sind. Mohamed berührt den Nagel des einen Fingers, ergreift das dritte Gelenk des anderen, springt blitzschnell zum zweiten des nächsten. Und ebenso schnell antwortet sein Bruder. Die Rechenkünste dieses Fingerspiels, des uralten Brauchs der Perlenkäufer im Golf, sind einfach genug, aber es gehört jahrelange Übung dazu, die praktische Anwendung zu erlernen. Jeder Finger, jedes Gelenk, jede Druckstärke hat einen ganz bestimmten mathematischen Wert.

Matrosen erzählten mir später, diese Art der Unterhaltung erlaube Maklern und Händlern sogar, die Höhe des Bakschischs festzulegen, der nachher geteilt wird. Das Verfahren könne auch zu sehr unsauberen Zwecken gebraucht werden. Bei Scheich Mohamed bildete es nur einen Teil des Geschäftes. Der endgültige Preis wurde von ihm stets mündlich, nicht aber durch diese verborgene Zeichensprache festgelegt. Mit ihr half ihm sein Bruder nur beim Feilschen; denn auch der war ein gewiegter Kenner von Perlen und hatte bessere Augen als der Scheich. Viel Zeit ist vergangen. Dann kaufen wir das Päckchen für zweihundertsechzig Rupien. Nun wird der Sack mit den Silbermünzen geöffnet und das Geld ausgezahlt, wobei jede Rupie aufspringen muss. Die Perlen wandern in die Tasche des Scheichs, und nach einer Kaffeerunde fahren wir im Beiboot zur Jalboot zurück.

Eine erstaunliche Beobachtung machte ich. Am Abend des

Einkaufstages hatte sich der Wert der Perlen erheblich erhöht. Dann brachte sie Scheich Mohamed wieder zum Vorschein, verschlang sie mit den Augen, wog, sortierte und schätzte sie sehr genau und tat sie schließlich zu dem großen Haufen, den er schon erworben hatte. Solange noch eingekauft wurde, ließ er alles beieinander und verschloss ein großes Bündel in seiner Kiste. Aber zehn- bis zwanzigmal am Tage kramte er es wieder hervor und betrachtete die edlen Gebilde mit seinem Bruder. Nur dadurch, dass sie jetzt in seinem und nicht mehr in dem Fetzen des Nakhodas lagen, schien sich ihr Wert verdoppelt zu haben, wahrscheinlich aber verdreifacht.

Während wir dicht unter Land bei einem Dorf ankerten, lief ein kleines Perlenboot an, um einen seiner Taucher zu begraben. Mir sah es ganz so aus, als sei der Mann an Skorbut gestorben, was mich keineswegs überraschte; denn die Diät auf den Bänken war kümmerlich genug: Reis und Fische. Der Reis war vielleicht ganz nahrhaft und mochte ausreichen, um dem Skorbut ein paar Monate zu wehren, wenn er reichlich mit gutem arabischen Ghee übergossen wurde. Aber seit Kurzem kauften die Nakhodas Kunstfett ein, das von den Kaufleuten in Bahrein und Kuwait aus Europa importiert wurde. Es sah nicht schlecht aus und war billig, aber im Grunde war es ein minderwertiges Produkt und besaß keinerlei Nährwert. So trat also der Skorbut erneut auf, und die Nakhodas wunderten sich darüber. Ich fragte den Scheich, ob er nicht veranlassen könne, dass dieser Ghee nicht mehr eingekauft werde. Aber das lehnte er ab. Das Zeug sei billig, und die Nakhodas seien ungebildete Leute. Der echte Ghee sei teuer, und die Nakhodas seien arm.

Das Begräbnis des armen Tauchers war eine sehr einfache Zeremonie und in ein paar Minuten vorüber. Man trug ihn den Strand hinauf und begrub ihn im Sande. Der ausgezehrte Körper schien eine erschütternd leichte Last zu sein.

Wie viele Taucher wohl stürben?, fragte ich den Scheich. Todesfälle seien selten, lautete die Antwort. Einige ertränken, andere stürben eben. Mir fiel nur auf, dass auf all den vielen Schiffen, die wir aufsuchten, immer mindestens ein kranker Taucher, in seinen Wüstenmantel gehüllt, achtern auf den bloßen Planken lag. In den meisten Fällen schien mir das Leiden Skorbut zu sein.

Ein ganzes Geschwader von Booten pflegte immer bei einer Bank »in Stellung zu gehen«. Das geschah so, dass alle Fahrzeuge an der Außenkante des Riffs ankerten und sich durch Stecken der Trosse über die Bank treiben ließen. So arbeiteten sie sich langsam weiter, die Taucher auf beiden Seiten im Wasser, bis das Ende der Bank erreicht war. Dann wurde Anker gelichtet und unter Gesang wieder zurückgeholt. Das alles verlief nach einem festen Ritus. Der neue Ankerplatz war dicht bei dem alten, und von ihm aus wurde ein weiterer Sektor genauso abgefischt.

Eine sehr gründliche Methode. Nach ein, zwei Tagen war eine Bank so gründlich abgeerntet, als handele es sich um einen Acker. Wirklich erinnerten die vielen Boote, die mit ihren Tauchern kreuz und quer ein Riff kreuzten, an Landleute bei der Ernte. Nur sehr wenige Stellen blieben unberührt. Die Taucher durchsuchten jedes Fleckchen, bis sie keine Auster mehr sehen konnten. Dann erst trieb das Schiff an einen neuen Platz.

Jedes Fahrzeug hatte seine eigene Bahn, seinen eigenen Sektor, und es galt als unfair, auf seinem Wege zu ankern. Der Erfolg der Nakhodas wurde von ihrer Kenntnis der richtigen Bänke und deren gründlicher Säuberung bestimmt. Wenn sich fünfzig bis sechzig Fahrzeuge auf einer Bank herumtrieben, gehörte ein pfiffiger und entschlossener Mann dazu, ein Boot auf »jungfräuliches« Gebiet zu manövrieren, damit die Taucher Körbe voll Austern nach oben brachten. Bisweilen waren wir Zeuge, wie der Einzelne trotz allen Suchens nie mehr als zwei oder drei Austern fischte, während gleichzeitig die Taucher in der Nähe ihre Körbe gestrichen voll heraufbrachten. Das war nicht etwa pures Glück, sondern ganz einfach ein »Riecher«. Man besaß ihn, oder er fehlte einem. Scheich Mohamed pflegte mir die Nakhodas zu bezeichnen, die ihre Erfolge solcher Intuition verdankten. Meist hatte man ihnen größere Boote anvertraut. Einer war sogar blind, besaß aber trotzdem, wie mir der Händler erzählte, seinen »Riecher«. Wir trafen viele Nakhodas, die selber tauchten, wenn auch nicht regelmäßig. Sie gingen meist hinunter, wenn es darauf ankam, einen Fangplatz auszuprobieren.

Wie ein Gewimmel von Yachten nach einer Regatta pflegten die kleinen Boote herbeizueilen. Nur dufteten sie leider nicht wie Yachten. Die geschmeidigen braunen Seeleute rissen an den Remen und sangen ihre ergreifenden Lieder. Achtern aber sah man stets, zusammengekrümmt und zitternd, die Taucher kauern, die mehr tot als lebendig schienen.

Kleine Boote, die dicht unter Land fischten, hatten andere Methoden. Bisweilen beobachteten wir sie. Da schwamm die ganze Besatzung um das Fahrzeug: Jeder Mann steckte mit dem Kopf in einer Kiste, die er schwimmend vor sich herstieß. Im Boden dieser Kiste war ein Stück Glas, durch das der Schwimmer deutlich den Meeresboden sehen konnte. Entdeckte er eine Auster, so ließ er seine Kiste los und tauchte. Stundenlang betrieben sie diesen Fang, schienen nie müde zu werden oder die mindeste Beschwer zu empfinden.

Dann ertönte bei Sonnenuntergang der Ruf des Muezzins, und das Abendgebet folgte. Von irgendeinem Beduinenboot, das unter Land lag, schallte Trommelwirbel, oder für kurze Zeit leuchtete ein Herdfeuer auf, wenn auf einem Nachzügler Kaffee gewärmt wurde.

Und dann kam das Schweigen; denn die Nacht gehört dem Schlaf. Die Schiffchen rollten und schlingerten auf ihren

Ankerplätzen, stießen und rieben sich aneinander, aber die Perlenfischer schliefen, wie Sardinen zusammengepfercht, den tiefen Schlaf der Erschöpften, bis der Morgen graute. Dann sprangen sie auf und öffneten die Schalen. Der Fang des Tages blieb nämlich immer die Nacht über in Säcken stehen, damit die Austern starben; dann ließen sich die Schalen leichter öffnen. Mittlerweile schien die Sonne hell genug, um den Tauchern bei ihrer Arbeit ausreichend Licht zu spenden. Vorher hatte es keinen Sinn, unter Wasser zu gehen, auch nicht, wenn scharfer Nordwind den Golf mit Sandwolken peitschte und die Sicht so beeinträchtigte, dass der Mann auf einem Meter Tiefe nichts mehr erkennen konnte. Wenn sich weiße Schaumkronen zeigten, sodass die kleinen Boote stampften und bockten, wurde das Tauchen ebenfalls gefährlich. So gab es eine ganze Reihe »freier« Tage, aber in der Regel blieb das Wetter während der Fangzeit beständig.

Und eines Tages fanden wir wirklich auf dem Ankerplatz am Riff den alten Yusuf. Es war ein sehr schöner, ruhiger Abend, der Sonnenuntergang zeichnete den Himmel in ganz zarten, begeisternden Farben. Der Gesang der Perler, die unter Segel oder mit Remen näher kamen, warf über das Bild den Schleier des Unwirklichen. Die herrlichen lateinischen Segel spiegelten sich in dem tiefblauen Wasser.

Yusufs Sambuk war im Lauf des Tages zu unserer Bank von einem geheimnisvollen Riff gekommen, das offenbar sein Nakhoda als Privateigentum betrachtete. Ich war über Yusufs Aussehen entsetzt. Sein abgespanntes Gesicht war eingefallen, die Haare noch mehr ergraut als früher, noch schütterer, die Wangen zeigten so tiefe Löcher, dass es aussah, als sei die Haut über die Knochen gespannt. Füße und Hände waren voller Wunden, obwohl er Lederkappen über den Fingerspitzen trug, um sie gegen zackige Felsen oder Korallenspitzen zu schützen. Der Leib war eingefallen, als habe er wochenlang nichts gegessen. Er konnte nicht mehr gerade stehen und krümmte sich. Die Beine waren so dünn, dass man die Knochen sah. Die Haut an Händen und Füßen war vom Wasser faltig, an den Beinen hatte sich ein Ausschlag von kleinen Pusteln gebildet, von denen viele eiterten.

Der arme Yusuf war ein jammervoller Anblick. Er schien mir um zwanzig Jahre gealtert, mehr tot als lebendig. Und doch begrüßte er mich vergnügt. Sein Mut war jedenfalls ungebrochen.

Er erzählte uns, der Fang sei bisher schlecht gewesen. Wohl hätten sie eine ganze Menge Perlen gefunden, aber nicht eine einzige erstklassige und nur wenige zweiter Sorte. Überraschend, wie selten Steine von sehr hohem Wert waren. Zwei Monate hielt ich mich auf den Bänken auf, sah täglich Säcke von Perlen, aber kaum mehr als ein Dutzend wirklich große, fehlerfreie Exemplare. Scheich Mohamed meinte, die ganze Fischerei im Golf fördere nicht mehr im Jahre zutage, als man für zwei wirklich kostbare Halsbänder benötige.

Am nächsten Morgen lief ich mit Yusufs Sambuk aus, um mir das Tauchen anzusehen. Der alte Mann wollte außer ein paar Zigaretten und einer Handvoll Datteln nichts von mir annehmen. Taucher, meinte er, sollten lieber nichts essen. Tauchen mit vollem Magen konnte ihren Tod bedeuten. Ein paar Datteln am Morgen und eine Schale Kaffee, einen Happen abends, wenn die Tagesarbeit vorüber war, das war alles. Es lagen ja nur noch sechs bis sieben Wochen vor ihm, die er schon aushalten werde. Zwanzig Jahre lang habe er es getan. Gewiss, anfangs sei es ihm schwer geworden, nachdem er dank Allahs Gnade fünf Jahre nicht auf den Bänken gewesen war. Jetzt aber habe er sich schon wieder an das harte Leben gewöhnt.

Nur noch sechs Wochen! Mir wären sie wie eine Ewigkeit vorgekommen.

Als die Sonne seit einer Stunde über dem Horizont stand, waren wir auf dem Fangplatz. Das Wasser war durchsichtig klar. Die sieben Säcke mit Austern vom Vortage, die gleich nach dem Gebet der Dämmerung geöffnet worden waren, hatten nicht mehr als einen Teelöffel Perlen, alles kleine Dinger, ergeben. Wahrhaftig, diese Sambuk hatte kein Glück; denn andere hatten an der gleichen Stelle schöne Steine gefischt, und das Schiff des Admirals hatte bereits Perlen im Wert von zehntausend Rupien an Bord. »Allah karim!« Der Herr war barmherzig, und das Glück würde auch zu ihnen kommen. Wie sehnlich hoffte ich das, während sich der alte Mann zum Tauchen fertig machte!

Das Boot war auch alt und hatte vier Jahre auf Land gelegen, aber es war größer als die meisten und gut gehalten. Von vorn bis achtern eingedeckt, besaß es kein Schanzkleid. Zu Anker lagen die Remen quer über dem Schiff. An den Dollen festgelascht, ragten sie im rechten Winkel zum Schiff über das Wasser. Zu den acht langen Stangen auf jeder Seite gehörten je zwei Taucher und ein Bedienungsmann. Die Tauchleinen liefen bis zum äußeren Ende des Remens, damit sie nicht voneinander unklar kommen konnten. In den vom langen Gebrauch abgenutzten Bast, der dreißig Meter lang sein mochte, war am Tampen ein Stein geknotet. Diesen nahmen die Männer mit in die Tiefe, bis sie am Meeresgrunde angekommen waren, worauf er wieder eingeholt wurde. Eine zweite Leine trug einen geflochtenen Korb an einem Joch aus gebogenem Rohr, in den die Austern kamen. Das war die Rettungsleine. Ließ der Mann den Korb los, so war es um ihn geschehen. Beim Tauchen zog er nichts als winzige schwarze Hosen an.

Yusuf trug um den Hals eine Schnur mit der Nasenklemme, die nicht wie üblich aus Holz, sondern aus Widderhorn gefertigt war. Jedes Mal setzte er sie sehr sorgfältig auf, ehe er auf Tiefe ging; denn sie war sein einziger Schutz. Ich fragte ihn, weshalb er und alle anderen schwarze Hosen trügen. Er entgegnete, die großen Fische, besonders die Haie, könnten Schwarz nicht leiden. Ob dieser tröstliche Glaube wohl begründet war? Seien Riesenrochen in einer Gegend, so nähmen sie außerdem irgendeinen weißen Fetzen, aber heute waren keine gesichtet. Jeder Taucher schien nur zwei Paar schwarze Shorts und einen Sarong zu besitzen. Kamen die Männer nach zehnmaligem Tauchen vor Kälte zitternd an Bord, so zogen sie die nasse Hose aus und wärmten sich am Herdfeuer, bis es Zeit für den nächsten Tauchtörn war.

Es wurde an beiden Bordwänden in zwei Schichten gearbeitet. Zehnmal tauchen, zehnmal ruhen! Nach Yusufs Angabe ging er hundertzwanzigmal am Tage hinunter, in flachem Wasser auch öfter. Jedes Tauchen dauerte im Durchschnitt eine Minute. Nicht weniger als vierzig und nicht mehr als neunzig Sekunden. Also verbrachte er zwei Stunden am Tag am Grunde des Golfes, ohne Luft zu holen. Zwei Stunden!

Mir wollte das sehr lang erscheinen, aber er tröstete mich. Es gebe auch Pausen. Jeden zehnten Tag hatten sie Ruhe, obwohl sie gelegentlich bei günstigem Wetter auch achtzehn Tage auf einer guten Bank arbeiteten, um sich alsdann zwei Tage auszuruhen. Dazu ging es irgendwo an den Strand, wo gleichzeitig Frischwasser und Brennholz aufgefüllt wurde. Das besorgten die Bedienungsleute, während die Taucher in dieser Pause nur aßen und schliefen.

Nun hing Yusuf an seiner Leine im Wasser. Sie lief über den achtersten Remen an Steuerbordseite. Das war der Platz des Vortauchers, von dem stets die meisten Austern erwartet wurden. Der Alte trat Wasser und setzte seine Klemme auf. An einer der achteren Relingsstützen waren auf einer Leine zehn Knochen aufgereiht, wie bei der Rechenmaschine eines Kindes. Ihre Stellung zeigte, dass bislang noch nicht getaucht worden war. Nach jedem Fischzug schob nämlich der zunächst stehende Bedienungsmann einen Knochen über die Leine. Hatte er das mit dem zehnten getan, so rief er die Taucher an Bord zurück, und die Ablösung sprang ins Wasser. Zweiunddreißig Taucher, zwanzig Helfer, ein Nakhoda, ein Schreiber, ein Koch und fünf Jungen waren an Bord.

Soweit ich feststellen konnte, taten die Jungen nichts anderes, als die Hookahs nachzufüllen, Wasser zu holen, damit sich die Matrosen vor den Mahlzeiten die Hände waschen konnten, und sich um den Nakhoda zu gruppieren, wenn der Ankerplatz verlegt wurde. Mit schrillen Stimmen gaben sie dann seine Befehle weiter und übertönten dabei den lautstarken Gesang von sechzig ausgewachsenen Männern. Unter den Buben war Yusufs sechsjähriger Sohn.

»So habe ich ihn doch unter Augen«, sagte der Alte, »und ich werde schon dafür sorgen, dass er nicht in Schulden kommt.«

Mittlerweile war Yusuf klar zum Tauchen. Er packte seinen Korb am Rand und schlang sich das Ende mit dem Stein ums Bein, sodass sich der Fuß auf das Gewicht stützte. Er blickte nach oben, und der Bedienungsmann gab lose die Leine. Er sank immer tiefer. Bis auf drei, vier Meter konnte ich ihm mit den Blicken folgen und sah, wie ihn die Strömung achteraus wusch. Nun war er nur noch ein verschwommener brauner Fleck im blauen Wasser. Dann war er verschwunden. Nach ein paar Sekunden spürte der Mann an Deck die Leine schlaff werden, holte den Stein ein, machte einen halben Schlag um das schlüpfrige Holz und ergriff dann die zweite Leine, an der Yusufs Korb hing. Mit sehr viel Einfühlung steckte er sie aus und wartete auf den leichten Ruck, der ihm anzeigte, dass Yusufs Lungenkraft erschöpft und sein erstes Tauchen vorüber sei. Wie lange er unten war! Zuerst zählte ich nicht die Sekunden, die mir wie Minuten vorkamen.

Alle Taucher waren im Wasser. An Bord herrschte Totenstille, während die Männer an den Leinen in äußerster Anspannung hoch aufgerichtet standen. Immer noch waren alle Taucher unter Wasser. Die straff gespannten Leinen zeigten alle nach achtern, jede durch das Rundholz des Remens von der benachbarten getrennt. Unverkennbar setzte starker Strom ein, und Yusuf als der Mann am weitesten achtern musste annähernd dreißig Meter hinter dem Schiff sein. Eine Minute mochte er jetzt unten sein. Mir kam es wie fünf vor. Jetzt! Ein ganz leichter Ruck, kaum merkbar. Schnell holte Yusufs Helfer Hand über Hand die Leine ein, zügig und kraftvoll. Es dauerte lange, bevor ich etwas von dem Taucher sah. Jetzt erschien tief im Wasser ein schwacher, bräunlicher Fleck fünfundvierzig Grad achteraus. Rasch wurde der Fleck größer und verwandelte sich in die verschwommenen Umrisse eines Menschen. Nun erkannte ich Kopf und Schultern eines Mannes, nun das kurz geschnittene graue Haar. Der alte Yusuf. Endlich durchbrach er die Wasseroberfläche. Zunächst sein Austernkorb, dann das Gesicht des Alten, die müden Augen mit dem Unterarm gegen den Sonnenglast geschützt. Schließlich die Schultern, von denen das Wasser wie von einem auftauchenden Seehund abströmte. Wie ein Wal stieß er die Luft aus, nahm die Nasenklemme ab, rang krampfhaft nach Atem und trat neben dem Schiff Wasser. Mittlerweile holte sein Helfer an Bord den Bastkorb ein.

Yusuf war als Letzter wieder nach oben gekommen. Sein Korb war ganz nett gefüllt, einige der anderen nur zur Hälfte, ein paar sogar nur zu einem Viertel. Jeder Bedienungsmann hielt jetzt, das Gesicht binnenbords, seinen Korb in die Höhe. Dann riefen alle »Allah karim!«, tiefe Stimmen antworteten »Y' Allah«, und gleichzeitig wurde der Inhalt der Körbe klappernd an Deck geworfen.

Inzwischen hatten sich die Taucher ausreichend erholt. Eine Minute tauchen, zwei Minuten Ruhe! So ergriffen sie wieder ihre Körbe und Steine, befestigten die Klemmen und waren verschwunden. Alles lief genau wie zuvor ab.

Während des zehnmaligen Tauchens saß die Ablösung schweigend, stumpf und ganz uninteressiert am Heck. Als sie dann selbst ins Wasser musste, klapperten und froren Yusuf und seine Schicht am armseligen Feuer des Kochs, auf dem kein Topf stand. Man hatte einen Segelfetzen über den Herd gespannt, um wenigstens etwas Windschutz zu schaffen. Aber es war noch früh am Tage, und die Männer spürten die Kälte. Dabei kam es mir schon unerträglich heiß vor. Das Thermometer zeigte bereits über dreißig Grad im Schatten. Und doch bebten die verkrümmten, hageren Taucher in ihren Sarongs.

Als die Kraft der Sonnenstrahlen zunahm, wurden vorn und achtern Verdecks aus billigem japanischem Stoff ausgespannt. Gekocht wurde den Tag über nichts.

Inzwischen war an dieser Stelle zweihundertmal getaucht worden. Die Austern waren abgeerntet. Also wurde Trosse gesteckt, und das Schiff ließ sich im Strom dreißig Meter weiter treiben.

Wiederum glitt Yusuf über die Bordwand ins Wasser, wieder zehnmal tauchen, aber jedes Mal verringerte sich die Zahl der gefischten Austern. Ich fragte ihn, wie er arbeite und es fertigbringe, ohne Gewichte unten zu bleiben, da die Bank doch tiefer als zehn Meter sei. Mit offenen Augen kroch er über den Meeresboden, wobei er sich seinen Weg erkämpfen musste, indem er sich an Korallenspitzen und Felsen festklammerte. Sah er eine Auster, so riss er sie ab und tat sie in seinen Korb. Aber es musste sehr schnell gehen. Er hielt sich so weit vom Schiff ab, wie es nur ging. Jeder Taucher hatte auf seinem Platz zu bleiben. War der Stein auf dem Boden angekommen, so arbeitete er sich möglichst in rechtem Winkel vom Schiff fort. Nur so konnten die Riffe gründlich abgefischt und möglichst wenig Stellen ausgelassen werden.

Zehnmal tauchen, dann ruhen. Zehnmal tauchen, dann ruhen, und wieder wurde Trosse gesteckt. Ein halber Sack voll war gefischt und stand am Fuß des Besans. Das ganze Schiff war nichts als eine triefnasse, vollgepferchte Arbeitsplattform. Die Bedienungen schwitzten, die Taucher zitterten, diese waren beängstigend mager, jene fett, diese kannten keine Wärme, jene keine Ruhepause.

Korb auf Korb der schleimigen Austern wird an Deck geschüttet. »Allah karim! Y' Allah«. Die Trosse wird gesteckt.

Zehnmal tauchen, dann ruhen. Grauköpfe durchbrechen die Wasseroberfläche. Müde Arme bedecken noch müdere Augen. Ein gewaltiger Brustkorb reißt fast schluchzend die Luft in sich hinein, sobald die Nasenklemme entfernt ist. Zehnmal tauchen, dann ruhen – und die Trosse wird gesteckt! Hoch steht die Sonne am Himmel, die Hitze ist grauenhaft. Der kümmerliche Schatten des Verdecks schafft mehr Dunkelheit als Kühlung. Und doch zittern die mageren Männer am Herdfeuer vor Kälte. Einige beten; denn es ist Mittag. Aber eine Siesta gibt es hier draußen nicht.

Zehnmal tauchen, dann ruhen – und die Trosse wird gesteckt! Kein Essen. Man kann kaum noch atmen, so erstickend heiß ist es. Am Bug holt einer der Jungen die Reuse ein. Nichts darin.

Zehnmal tauchen, dann ruhen. Armer, armer Yusuf! Dies Leben muss für viele brave Männer den Tod bedeuten.

Mir genügte das, was ich von der Perlenfischerei gesehen hatte. Nichts erschien mir bewundernswert an diesem angeblich so romantischen Gewerbe als Mut und Seelenstärke der Taucher.

Abu Dhabi – Das Lächeln des Propheten

Michael Lüders

Im Jahr 1761 begeben sich Beduinen des Stammes Bani Yas auf Gazellenjagd und entdecken auf einer dem Festland vorgelagerten flachen Sandinsel eine Süßwasserquelle. Sie beschließen, eine Siedlung zu gründen, die sie »Abu Dhabi« nennen, »Vater der Gazelle«. Abu Dhabi ist Hauptstadt der 1971 entstandenen Vereinigten Arabischen Emirate, einer Föderation von sieben Scheichtümern, deren größtes Emirat, ebenfalls mit Namen Abu Dhabi, weitgehend identisch ist mit dem traditionellen Siedlungsraum der Bani Yas, des volkreichsten Stammes der Arabischen Emirate. Er teilt sich in etwa zwanzig Untergruppen, die nicht in erster Linie durch Blutsverwandtschaft, sondern durch ihre gemeinsame Geschichte unter Führung des Clans der Al Nahyan eine Gemeinschaft bilden. Irgendwann im 17. Jahrhundert, teilweise schon früher, sind einzelne Stammesgruppen aus Zentralarabien nach Liwa emigriert, einem Oasengürtel nahe der heutigen Grenze zu Saudi-Arabien, und haben von dort aus ihre Siedlungsgebiete Richtung Küste ausgedehnt.

Seit 1966 regiert Sheikh Zayid Bin Sultan Al Nahyan das Land, »ein Geschenk der Geschichte an das Volk der Emirate«, wie mir Abdallah Aman erläutert, zuständig für ausländische Gäste im Ministerium für Information und Kultur. Rein äußerlich erinnert Seine Hoheit an Sean Connery, Bond gewissermaßen in der Drehpause, das Böse beinahe besiegt. Aber vermutlich nicht deswegen lächelt er ewiglich und wissend in den Nachrichtensendungen des Fernsehens. Abdallah Aman sagt, er lächle aus Demut. In seiner Jugend habe der Emir die Bitternis von Hunger, Entbehrung und Durst am eigenen Leib erfahren. Heute nun freue sich Sheikh Zayid – in aller Bescheidenheit – über die großartigen Leistungen seiner Ära: die Modernisierung des Landes, den Ausbau des Schul- und Gesundheitswesens, den allgemeinen gesellschaftlichen Fortschritt, das Leben in Wohlstand und Brüderlichkeit.

Nach meinem Empfinden sicherlich das Mindeste, was das Volk der Emirate von einem aufgeklärten Autokraten erwarten darf, dem eine Laune des Schicksals die höchste Verfügungsgewalt über ein gewaltiges Erdölvermögen bescherte. Und Sheikh Zayid erholt sich durchaus, auf der Falkenjagd in Pakistan, auf der Hirsch- und Entenjagd im schottischen Hochland.

»Der Wille Gottes«, erläutert Abdallah Aman, »hat unserem Land einen Staatsmann geschenkt, den eine leidenschaftliche Liebe mit der Wüste verbindet. Diese Reinheit, der weite, endlose Horizont. Das sind Qualitäten, die sich in der Persönlichkeit Sheikh Zayids spiegeln – sie schenken ihm die Klarheit seiner Visionen und die Entschlossenheit seines Handelns.«

»Das sind treffliche Worte, Bruder Abdallah, die ich gerne auch in meiner Heimat verbreite. Und noch eine Sache liegt mir am Herzen.« Ein Termin nämlich bei Sheikh Sultan Bin Zayid Al Nahyan, dem Sohn Sheikh Zayids, der kraft seiner Geburt im zarten Alter von nicht einmal dreißig Jahren zum stellvertretenden Premierminister ernannt wurde. Was denkt, was empfindet ein Mensch, dessen Leben einem festgelegten Plan folgt, der heute schon weiß, dass er eines Tages Präsident seines Landes sein wird, ohne jede Möglichkeit, einen eigenen, selbst gewählten Lebensweg zu finden? Vielleicht wäre er lieber Mathematiker. Oder Künstler. Oder ein Beduine, der die Wüste durchstreift. Er lächelt ähnlich wie sein Vater, im Fernsehen, in den Zeitungen, bei öffentlichen Auftritten. Aber ich bilde mir ein, in seinem Lächeln einen feinen Riss wahrzunehmen, die leise Andeutung von Unsicherheit – ein menschlicher Zug, der ihn sympathisch macht und als Gesprächspartner überhaupt erst interessant. Abdallah Aman allerdings biete ich eine weniger poetische Erklärung.

»Ich möchte mit Sheikh Sultan reden, weil er mich erstaunt. Er ist jung an Jahren, doch er trägt eine Verantwortung, die ihresgleichen sucht. Woher nimmt er diese große Kraft, Vorbild einer ganzen Generation zu sein?«

Abdallah Aman sieht mich an wie aus großer Ferne, nachdenklich schließt er seine Augen, bis sie nur noch kleine, kaum wahrnehmbare Öffnungen sind. In diesem Moment wüsste ich nicht zu sagen, ob ich für ihn die Schlange bin oder aber das Kaninchen. Einen Moment scheint es, der dunkelhäutige Staatssekretär habe sein Gesicht verloren. Als sein Kopf in den Schatten der Jalousie eintaucht und seine Konturen eins werden mit der schwarzen Silhouette hinter dem Schreibtisch. Wie das Gespenst von Canterville. Geblieben sind nur das weiße Kopftuch und die weiße Soutane. Vielleicht ist er der Nachfahre freigelassener sudanesischer Sklaven. Ein echter Mameluck.

»Was Sie sagen, ist vernünftig. Ich werde sehen, was sich machen lässt.«

Abu Dhabi ist ein riesiges Schachbrett. Die Hauptstraßen bilden regelmäßige Rechtecke, deren Anlage an das Muster amerikanischer Städte erinnert. Zone eins, Sektor dreizehn heißt beispielsweise die Gegend, in der ich wohne. Es könnte ein Viertel in Karachi oder Bombay sein, die Leute reden Urdu und Hindi und hundert Dialekte, Arabisch im Großen und Ganzen nur die Muezzins. Rami Shoes, Nivea Saloon, Najeeba Refreshments: Vor den Geschäften drängen sich Käufer und Kunden, ein pralles Leben in allen Farben, Frauen in bunten Saris, die Kinder an der Hand, auf dem Gehweg sitzen Leute und trinken Tee. Die Nebenstraßen der Innenstadt sind kleine Volksviertel, dicht an dicht reihen sich Restaurants, Friseurläden, Supermärkte, Autowerkstätten, Hochhaus neben Hochhaus. Über den Läden wohnen die Menschen, die Fenster weit geöffnet. Männer in weißen Unterhemden posieren auf Balkonen und rauchen Zigaretten. Kinder lassen Schwalben aus Papier fliegen und freuen sich, wenn sie auf Passanten fallen. Silhouetten von Frauen hinter Gardinen, die kochen und braten, das Geräusch zischenden Fettes liegt in der Luft. Eine Kakofonie lärmenden Lebens, harmonisch besetzt mit schreienden Kindern, lästigen Autos vor Ampeln, fluchenden und palavernden Passanten, Flugzeugen, die starten und landen, Musik aus tausend Transistoren, Mittelwelle meist und dissonant, nicht zu vergessen die Animateure, freigebige Bürger, die rotzen und niesen und über alle Köpfe brüllen. Kleine Schüler jagen fette Ratten in böse Fallen, einmal flieht ein panisches Tier auf die achte, Ecke neunte Straße, gleich unter die Räder eines langsam rollenden Toyota. Es spritzt zwei Meter weit. Der Fahrer hält kurz, ein Inder. »Finish«, sagt er und grinst.

Abu Dhabi ist mondän, nicht zu vergleichen mit dem provinziellen Doha. Eine Stadt der Verwaltung und Dienstleistung, in den letzten dreißig Jahren neu entstanden, nach westlichem Vorbild. Früher waren die Straßen Spuren im Sand, die wenigen Hütten aus Lehm, mit Dächern aus Palmwedeln, wie überall am Golf. Heute leben die Emiratis in den Randbezirken, überwiegend vornehmen Wohnvierteln mit frei stehenden Villen, die fast Paläste sind, mal aus weißem, mal aus rosa Marmor, ultramodern oder alten Festungen nachempfunden, die meisten Gebäude nicht älter als zehn Jahre, und alle Millionen wert. Abu Dhabi hat kein Zentrum. Die Seele des Ganzen ist der Emir, er ist der König auf dem Schachbrett der Städteplaner. Fast ein Dutzend Paläste verteilen sich in der Stadt, in zentraler Lage der Manhal-, der Mushrif- und der Batin-Palast, umgeben von mehreren Hektar großen Parkgeländen, herrschaftliche Rechtecke inmitten der vielen kleinen Karrees, wo vor allem die Ausländer leben, die Läufer und Springer, fast achtzig Prozent der siebenhunderttausend Bewohner. Die Anarchie ihrer Volksviertel ist ein merkwürdiger Kontrast zu den glänzenden Fassaden aus Glas und Beton, in deren Schatten sie sich angesiedelt haben. In Abu Dhabi trifft Chinatown auf Wall Street, auf Banker und Spekulanten, Sheikhs und ihre westlichen Berater – das Emirat gehört zu den größten Ölproduzenten der arabischen Welt. Endlos reihen sich Büro- und Verwaltungstürme, besonders in der Gegend der Corniche, jener herrschaftlichen Küstenstraße, wie sie in den meisten Städten am Golf zum guten Ton gehört; eine orientalische Variante der Champs-Élysées, gewissermaßen.

Abu Dhabi wird zu Staub zerfallen, wenn das Öl versiegt. Kein Ausländer wird bleiben am Tag danach. Die Stadt würde dunkel und leblos, die Straßen zu Slums, die bunten Wohnviertel eine tote Kulisse. Alles ist Transit. Nur der Verdienst hält die Arbeitsmigranten. Ich habe niemanden getroffen in Abu Dhabi, der länger bleiben wollte als nötig. Viele lernen nicht einmal die Sprache, sie leben innerlich in der Heimat. Wie dieser Taxifahrer, den das Schicksal mir bescherte; ein Paschtune. Er trägt seine Stammeskleidung, eine Art Hosensack, eine Weste und um den Kopf einen Schal, der als Turban gebunden ist. Ich habe eine Verabredung im Ministerium für islamische Angelegenheiten und religiöse Stiftungen. Er versteht kein Wort, weder Englisch noch Arabisch, und sieht mich ängstlich an. Mir kommt eine Idee. Wizara Allah, sage ich, Ministerium des Herrn. Poetisches Pidgin-Arabisch. Das müsste er verstehen.

Der Fahrer nickt. Er ist höchstens zwanzig, fährt wie ein Verrückter und immer im Kreis, besser gesagt im Karree. Als er das dritte Mal die Corniche entlangfegt, werde ich unruhig. Allah, frage ich, Allah? Er nickt und legt eine Kassette in den Recorder, vermutlich eine Heimatmelodie. Zu hören ist ein männlicher Sänger, der einen endlosen Text deklamiert. Ab und zu fällt das Wort Allah. Dann trommeln ein paar Leute wie besessen, eine Geige spielt auf, und schließlich beenden einige Salven aus Maschinengewehren den lebhaften Reigen. Nach kurzer Pause beginnt ein neues Lied, mit ähnlichem Muster.

Bum Bum, sage ich. Der Fahrer lächelt. Diesmal bleibt er auf der Corniche, fährt geradeaus Richtung Ras al-Akhdar, »grüner Kopf«, ein beliebtes Ausflugsziel am Wochenende, überall Palmen und Strand.

»Allah?«

»Allah, Allah!«

Er zeigt geradeaus, und wirklich, hinter der Kurve macht er eine Vollbremsung. Wir stehen mitten im Sand. Allah, Allah!, ruft er. Irgendwas ist schiefgelaufen. Allah, Allah, wiederholt er und macht eine Handbewegung, die heißen will: Verschwinde. Ich steige aus, und er rast davon, ohne Bezahlung. Die Gegend ist nicht schlecht, ich habe einen wunderbaren Blick auf die Skyline von Abu Dhabi. Ich genieße die Aussicht, und ganz allmählich wird mir die Geschichte klar. Er hatte keine Ahnung, wo sich das Ministerium befindet. Aber das konnte er mir nicht sagen, er hätte sein Gesicht verloren. Dann fiel ihm ein, wo es am schönsten ist in Abu Dhabi. Wo er vielleicht schon öfter war mit seinen Freunden. Ein Ort der Besinnung, der Sehnsüchte und der Träume, im Grunde ein Ort der inneren Begegnung mit Gott, ein erhabener Ort, frei von alltäglichen

Sorgen. Wir haben uns besser verstanden, als ich dachte, nur muss ich zu Fuß zurück in die Stadt; an solchen Orten gibt es keine Taxen.

Im Ministerium des Herrn sind die meisten Angestellten schon gegangen. Die Arbeit in den Behörden beginnt früh, in der Regel um sieben Uhr, doch ein Arbeitstag dauert selten länger als sechs Stunden. Im Vorzimmer des Staatssekretärs sitzen einige Männer auf zerschlissenen Stühlen und trinken Tee. In den Regalen aus Blech stapeln sich staubige Papiere. Das Büro macht, wie das Ministerium insgesamt, einen verwohnten, fast heruntergekommenen Eindruck, was mich einigermaßen erstaunt – Abu Dhabi fehlt es nicht an Geld. Auf einem überladenen Schreibtisch steht ein uraltes Telefon mit Kordschnur, auch in den übrigen Räumen ist die Technik vergleichsweise rudimentär. Einen Augenblick überlege ich, ob der miserable Zustand dieser Behörde – immerhin die politische Zentrale des Islam in den Emiraten – einen stillen Protest enthalten mag gegen die rein äußerliche Moderne des Landes. Andererseits lässt der Wagenpark des Ministeriums einen durchaus souveränen Umgang mit Prestige und Technologie erkennen. Ein unheilvoller Gedanke drängt sich auf: Wenn es den Verantwortlichen nicht einmal gelingt, die eigene Behörde zu sanieren, wie wäre dann die innere Substanz eines islamischen Gottesstaates beschaffen?

»Sie haben sich verspätet«, bemerkt der Mann am Schreibtisch, während er kurz von seinen Unterlagen aufblickt. »Der Staatssekretär ist nicht mehr da.«

Ich erzähle die Geschichte mit dem Taxifahrer, durchaus gestenreich. Niemand verzieht eine Miene. Wer ist dieser Fremde? Ein Agent, ein Spion, eine Heimsuchung?

»Bruder, bist du Muslim?«, fragt einer in der Gruppe.

»Nein, kein Muslim.«

»Warum sprichst du Arabisch, wenn du kein Muslim bist.«

»Nehmen wir an, deine Söhne lernen Englisch. Würdest du von ihnen verlangen, dass sie Christen werden?«

Eine lebhafte Debatte entsteht über die Vorzüge und Nachteile der einzelnen Religionen. Für viele in der Runde ist es wahrscheinlich die erste intensivere Begegnung mit einem Europäer, das anfängliche Misstrauen weicht einer zunächst zaghaften, dann unverblümten Neugier, aber auch Anklage.

»Tatsache ist doch«, sagt der Mann am Schreibtisch, »dass uns die Menschen im Westen nicht ernst nehmen. Sie halten uns für rückständig und unkultiviert. Die Mentalität ist noch immer wie in den Zeiten der Kreuzzüge. Die Araber unterwerfen, ihre Schätze rauben und den Islam missachten, unsere Würde mit Füßen treten. Man verkauft uns Autos und Technik und viele schöne Dinge mehr. Aber das Wissen, diese Sachen herzustellen, behalten die Europäer für sich, die Amerikaner und die Japaner. Sie wollen, dass wir kaufen. Sie wollen nicht, dass wir lernen und selbstständig werden. Wie die kleinen Kinder behandeln sie uns.«

Der Mann mag um die sechzig sein. Er redet in einem fast lyrischen Tonfall, gemessen, mit regelmäßigen Pausen, die inhaltliche Zäsuren sind und Vorwurf zugleich. Seine Erscheinung hat etwas Zeitloses, Archaisches fast, und wäre nicht die runde Brille mit dünnem Stahlrand, er könnte selber ein Versprengter des Propheten sein, dessen Namen er trägt. Der graue Bart reicht ihm auf die Brust, aufmerksam dirigiert er die Runde mit seinen Blicken, die schmalen, scharf gezeichneten Lippen und die große, vorstoßende Nase verleihen ihm entfernt das Profil eines Habichts.

Der Islam sei nicht gegen Fortschritt und Technologie, fährt Mohammed fort. Das Problem sei der Ansturm westlicher Gedanken auf die islamische Zivilisation, das schleichende Gift des Materialismus, das die Tradition zersetze und überlieferte Lebensformen zerstöre. Um sich der Herausforderung des Westens zu stellen, bedürfe es einer grundlegenden moralischen Erneuerung der islamischen Gesellschaft. Erste Schritte auf diesem Weg seien strenges Fasten im Ramadan, ein rigoroses Alkoholverbot und die Verschleierung der Frau in der Öffentlichkeit.

Ich entgegne, dass dergleichen Äußerlichkeiten eine grundlegende Auseinandersetzung mit der eigenen und der westlichen Kultur nicht ersetzen. Moralische Läuterung sei ohne Zweifel verdienstvoll, aber weder Voraussetzung noch Garantie für Entwicklung und Fortschritt.

Mohammed versteht mich auf seine Weise. »Wichtig ist, Moral und Wissen zu fördern. Moral ohne Wissen ist wertlos. Wissen heißt, Neues aufnehmen im Geist der Offenbarung. Der Islam ist die Lösung, aber der Rahmen muss stimmen. Es ist eine Sache, rechtgläubig zu sein, und eine andere, über Kompetenz zu verfügen.« Er führt als Beispiel einen *Hadith* an, eine überlieferte Aussage des Propheten Mohammed. Der wandte sich gegen die Forderung seines treu ergebenen Kampfgefährten Abu Dharr, als dieser von Mohammed verlangte, ihm die Herrschaft einer der eroberten Provinzen anzutragen. Abu Dharr verfüge nicht über hinreichend politische Erfahrung. Auch heute seien sich die Rechtsgelehrten einig: Wenn vor einer entscheidenden Schlacht die Wahl zu treffen wäre zwischen zwei Anführern, von denen der eine rechtgläubig, doch unerfahren sei, der andere hingegen dem Alkohol, dem Schweinefleisch oder den Frauen zuneige, gleichwohl aber ein unbezwingbarer Kämpfer sei, dann gebühre ihm die Führung.

»Aus diesem Grund«, betont Mohammed, »ist der Fundamentalismus nicht hilfreich. Viele Extremisten haben nur unzureichende Kenntnisse des Islam. Die Ausgrenzung und Geißelung von Andersgläubigen löst keine Probleme.«

Ich frage die Männer, wie sie mit der Kluft leben, die zwischen ihren religiösen Idealen und der gesellschaftlichen Wirklichkeit liegt. Wenn der Islam die Lösung sei, müssten sie doch zum Beispiel die Islamisierung des Bankwesens fordern, das in Abu Dhabi und allgemein am Golf mehrheitlich nach westlich-kapitalistischem Muster organisiert ist.

»Für jeden gläubigen Muslim«, sagt Mohammed, »ist es unerträglich, sein Geld bei einer Bank anzulegen, die Zinsen nimmt und Wucher treibt. Wir sagen den Gläubigen: Tragt euer Geld auf eine islamische Bank. Wir reden darüber mit der Regierung. Wir fordern seit Langem ein Verbot nicht-islamischer Banken. Wir fordern die Einführung islamischen Rechts. Aber wir sind gleichzeitig Realisten. Wir respektieren die Entscheidungen der Regierung. Wir wollen keine Konflikte, wir vermeiden Konfrontationen. Unser Weg ist der Dialog, wir haben Zeit.«

Über zwei Stunden sitzen wir und diskutieren, auch die übrigen Männer schalten sich ein, sichtlich bemüht, diesen zufälligen Delegierten einer unvertrauten, häufig feindlichen Welt für sich zu gewinnen. Bemerkenswert ist die innere Disziplin der Runde. Niemand unterbricht den Vorredner, man hört einander zu. Sobald ich anhebe, etwas zu sagen, erteilt mir der Patriarch am Schreibtisch das Wort; als Gast genieße ich Vorrechte. Häufig entgegnet Mohammed auf meine Fragen und Einwände ein rhetorisches »Sehr richtig« oder »Das ist eine kluge Bemerkung«. Kurzum, es herrscht eine Atmosphäre gegenseitiger Anteilnahme, weit entfernt von den Monologen westlicher Egomanie.

Abdallah Aman macht ein finsteres Gesicht. Er hat schlechte Nachrichten. »Eine Begegnung mit Sheikh Sultan – das geht leider nicht.« Der stellvertretende Premierminister, jung an Jahren, eingefahren auf eine feste Lebensbahn, mit leicht melancholischem Blick.

»Es geht nicht«, wiederholt Abdallah Aman. »Sehen Sie, wir haben da ein Problem. Sie sind doch Europäer, nicht wahr? Als Europäer nun haben Sie Ihre eigenen Vorstellungen und Meinungen, die nicht unbedingt dieselben sein müssen wie unsere.

Nehmen wir einmal an, wir ermöglichen Ihnen eine Begegnung mit Sheikh Sultan. Was wäre dann? Sie würden beschreiben, was Sie erleben. Das ist auch gut so. Allerdings wissen wir nicht, welche Eindrücke Sie vermitteln. Unsere Erfahrung mit westlichen Besuchern lehrt uns, dass sie vor allem die ungewöhnlichen Aspekte betonen. Die Kleidung beispielsweise. Wir fühlen uns wohl in unseren Gewändern. Warum sollten wir sie ablegen? Aus welchem Grund? Sie sind Teil unserer Tradition, auf die wir stolz sind. In Europa lachen die Leute über uns. Sagen Sie nichts, sie lachen über uns. Sie kennen die Karikaturen in den Zeitungen? Über die Ölsheikhs? Das wollen wir nicht. Aber wir sind stolz auf unsere Kleidung, wir sind stolz auf unsere Vergangenheit, wir sind stolz auf unsere Leistungen, auf das moderne Gesicht Abu Dhabis und der anderen Städte am Golf. Wir sind stolz.

Und nun wollen Sie Sheikh Sultan treffen. Wenn Sie Politiker wären, jederzeit. Aber Sie schreiben, und das ist ein Risiko. Wer garantiert uns, dass Sie die Begegnung ernsthaft wiedergeben? Unter Umständen lassen Sie sich ablenken von Nebensächlichkeiten, die Ihnen als Europäer bemerkenswert erscheinen. Das betrifft insbesondere die Kleidung. Nun könnten wir Sie bitten, Ihrerseits ein weißes Gewand anzulegen. Was dann? Sie würden sich unter Umständen nicht wohlfühlen in Ihrer Haut.

Oder Sheikh Sultan trägt einen Anzug. Das wäre immerhin möglich, doch weshalb sollte er seine Herkunft verleugnen? In beiden Fällen besteht die Gefahr mangelnder Sachlichkeit. Ihre Wahrnehmung könnte nachlässig sein. Vielleicht sind

Sie empfänglich für Äußerlichkeiten. Die Möglichkeit einer unfreundlichen Kommentierung wiegt schwer. Was also sollen wir tun? Ich glaube, Sie sollten so objektiv wie nur möglich schreiben. Reden Sie besser mit Verantwortlichen ohne gehobene Funktion. Führen Sie Gespräche mit Technikern und Ingenieuren, die Ihnen unsere Errungenschaften erläutern. Oder sprechen Sie mit Künstlern, Malern oder Literaten. Letztendlich haben wir alle dieselbe Meinung, aber wenn Sie sich mit diesen Leuten unterhalten, werden Sie nicht abgelenkt von Nebensächlichkeiten. Sie können sich voll und ganz auf das Wesentliche konzentrieren, unsere großen Leistungen auf dem Weg in die Neuzeit.

So also verhalten sich die Dinge, Gott ist mein Zeuge. Ich bin mir sicher, dass Sie Verständnis haben für unsere Entscheidung. Denn wie sagt das Sprichwort: Der Streit der Anschauungen entzweit nicht die aufrecht Gesinnten.«

Nachmittag am Dubai Creek

Erste schriftliche Erwähnung findet Dubai in den Annalen der Britisch-Indischen Kolonialverwaltung, im Jahr 1799, aber es ist durchaus möglich, dass an diesem Ort schon zu früheren Zeiten Fischerdörfer existierten, wenngleich unter anderem Namen. Die moderne Geschichte Dubais beginnt 1833, als sich eine Gruppe von achthundert Clan-Angehörigen nach einem Konflikt mit dem Herrscher aus dem Stammesverband der Bani Yas löste und von Abu Dhabi nach Dubai emigrierte. Damit verbunden war die Gründung des gleichnamigen Scheichtums Dubai, das bis heute von der Familie Maktum regiert wird; ein Handelsgeschlecht, das frühzeitig die richtigen Entscheidungen fällte, in der Regel begünstigt von einem vorsorglichen Schicksal. Ursprünglich lebte Dubai vom

Perlenhandel; sehr zur Unbill der lokalen Herrscher jedoch wurden die eigentlich lukrativen Übersee-Geschäfte mit Indien über persische Häfen abgewickelt – bis die Regierung in Teheran 1902 ein kaiserliches Dekret erließ, das die Zölle und Steuern in den Küstenstädten drastisch erhöhte. Der Seehandel mit Indien verlagerte sich daraufhin in die Steueroase Dubai, die schnell zum wichtigsten Waren-Umschlagplatz im Mittleren Osten avancierte. Heute gelangen japanische Autos, amerikanische Technologie, Konsumprodukte aller Art, aber auch Lebensmittel über die Drehscheibe Dubai in die gesamte Golfregion, und darüber hinaus nach Iran, Pakistan, Indien und Ostafrika.

Der nächste Boom folgte nach dem Zweiten Weltkrieg, mit der Entdeckung von Erdöl im Scheichtum Dubai. Bis in die Sechzigerjahre, erzählt Mohammed, »war unser Leben noch sehr traditionell. Wir haben in Shindagha gewohnt, direkt an der Mündung des Creek. Nur wenige Nachbarn wohnten in Häusern aus Stein, vor allem Händler mit viel Geld. Die meisten Häuser waren aus Lehm, mit Dächern aus Palmwedeln. Zimmer wurden mit Tüchern aus Sackleinen unterteilt. Als Kinder waren wir immer am Creek und haben die einlaufenden Boote und Schiffe beobachtet; wir sind mit der Wüste und dem Wasser aufgewachsen. Unsere Eltern waren Beduinen, die sich in Dubai ein besseres Leben versprachen. Den Strand in Shindagha gibt es längst nicht mehr, heute ist dort eine breite Straße, daneben die Kaimauer.«

Dieses Imbiss-Café am Creek mit seinen Plastikstühlen ist ein ethnografisches Wunder, aus der Zeit geworfen und gestrandet in einem geografischen Nirgendwo. Der Wirt ein Pakistani, die Kellner Inder und der Mann am Grillspieß Afghane. Ein babylonisches Sprachengewirr. Die angetragenen Speisen sind überwiegend kalt, Befehle werden gebrüllt, die niemand versteht oder die man vorsorglich ignoriert. Es herrscht Anarchie, nicht ohne Programm. »Bring two tea«, befiehlt Mohammed im singenden Tonfall des indisch geprägten Englisch, der hiesigen Lingua franca. Etwas erschrocken über den harschen Ton, setze ich ein freundliches Lächeln nach und ein devotes »Please«. Der kleinwüchsige, dunkelhäutige Kellner, der uns keines Blickes würdigt, erteilt einige Handzeichen an unsichtbare Dritte, wahrscheinlich einflussreiche Religionsfanatiker oder bewaffnete Glaubenskämpfer; eine halbe Stunde später erhalte ich einen lauwarmen Tee und Mohammed ein halb volles Glas abgestandener Limonade.

Ich mag diese Menschen, die uns mehr über das Leben verraten als jede gelehrige Theorie. Ich nehme an, der Wirt alleine ist Idealist. Als Einziger trägt er ein sauberes Hemd und versucht zu organisieren, allen Ernstes fragt er einen Gast: Did you enjoy your meal? Er wird eines Morgens aufgewacht sein und hatte eine Vision – teilhaben an der großen Sehnsucht nach Westen und Wohlstand, im Schatten dieser verführerischen Skyline aus Bürogebäuden, Hotels, Hochhäusern, wie sie Dubai und jede andere Golfstadt seit den Sechziger-, Siebzigerjahren heimsucht. Die pakistanischen Restaurants in Dubai sind ausgezeichnet. Aber welcher Araber, welcher Europäer verirrt sich schon in diese proletarischen Garstuben?

Fast Food. Der pakistanische Wirt ist eines Morgens aufgewacht und hatte eine Vision. Schnell, teuer und schlecht. Fast Food. Das Wesen westlicher Ökonomie hat er intuitiv begriffen, seine Idee war richtig und falsch zugleich. Sein Fehler liegt im Standort. Gewiss, diese Skyline, diese verlogene Metapher mit ihren leuchtenden Werbe-Ikonen, liegt zum Greifen nahe, auf der anderen Straßenseite, zehn Schritte nur. Aber rechts von uns, neben der schmalen Promenade, befindet sich der Creek, ein feuchter Schlund, eine offene Wunde zum Meer, die Tag und Nacht Seefahrer und Händler anzieht, ein unablässiger Strom seit mindestens hundert Jahren. Und es kommen

Menschen und Mentalitäten, die von glänzenden Fassaden nichts verstehen, die kleine Geschäfte machen in den Randzonen des großen Geldes, dort, wo man bisweilen froh ist, den nächsten Tag noch zu erleben. Dicht an dicht ankern die hölzernen Dhaus im Creek von Dubai, von Weitem eine Perlenkette zu Füßen der Moderne, angelandet am Rande der Zeit, dieser magnetische Ort, einem Abziehbild von Dallas oder Miami gleich.

Handelsschiffe wie chinesische Dschunken. Nussschalen auf dem Meer, beladen mit Tee, Milchpulver, Mehl, Trockenfisch, Radios, Fernsehgeräten; Kinderspielzeug und Haushaltswaren, überwiegend aus Plastik; Kisten, Fässer, Säcke, manchmal ganze Autos, die mit einfachen Kränen und Muskelkraft an Bord gehievt werden. Entlang der Uferpromenade ein lebhaftes Treiben und Gesichter in allen Farben. Matrosen, die rauchen und grinsen, manchmal im Heck in die Hocke gehen, mit Blick auf die Passanten ihren Darm entleeren, zur großen Freude der Fische, die sofort zur Einschlagstelle eilen. In ungelenker arabischer Schrift stehen die Fahrtziele auf hölzernen Schildern: Karachi, Mogadischu, Mombasa, Mukalla, Muscat, Sokotra … Sagenhafte Matronen aus Sudan oder Somalia stehen einfach da, mitten im Weg, Hintern groß wie Melonen, sie zetern und klagen, und man lässt sie, weil sie jeden Widerstand mit Blicken töten.

Und einige dieser Ausgeworfenen landen zwangsläufig in unserem Café Oriental, dem einzigen Imbiss weit und breit, theoretisch eine Goldgrube. Aber dann setzen sie sich und reden in nie gehörten Sprachen, selbstbewusst und gleichgültig gegenüber den Kellnern, die ab und zu unaufgefordert Getränke bringen und sie nach einiger Zeit gelassen wieder abholen oder einen Tisch weiter deponieren, gerne bei westlichen Touristen, die T-Shirts tragen mit Aufschriften wie »Safer Sex« oder »I was in Dubai«. Die Inder sagen nichts, sie stehen einfach da und warten, bis die freundlichen Surfer resigniert trinken und zahlen, mit der fürchterlichen Gewissheit im Herzen, dass sie spätestens am nächsten Morgen Diarrhö diagnostizieren werden.

Uns gegenüber meditiert eine Gruppe Pakistani in traditionellen Stammesgewändern, wie aus dem Ei gepellt für den Landgang. Sie sitzen da und sind auf merkwürdige Weise abwesend. Einer erzählt eine Geschichte, sehr lebhaft, aber ohne eine Miene zu verziehen. Nach einigen Minuten schweigt der Erzähler und blickt teilnahmslos in die Runde, als sei das Räderwerk abgelaufen und warte auf das Drehen an der Schraube. Die anderen machen Geräusche wie »Aah!«, »Mmmmh«, »Ma-ma«, »Schta-ump«, dann schweigen auch sie und lassen ihre Blicke kreisen, ohne erkennbares Interesse für die Menschen oder Gegenstände in ihrem Umfeld; ihre Augen sind wie glasig, einer beschlagenen Brille gleich, eine Folie offenbar gegen die Wirklichkeit. Dann erzählt der Nächste seine Geschichte, das Ritual wiederholt sich, bis alle fünf Männer an der Reihe waren – und wieder beginnt die Runde von vorne, eine mysteriöse Schablone.

Die Nachmittagssonne taucht die Kulisse am Creek in ein surreales, pastellfarbenes Licht, als gäbe es keine Widersprüche zu lösen. Lange Schatten fallen auf die Pakistani gegenüber, auf deren Gesichtern Poren sich zu Kratern vertiefen, dunkle Linien und Risse verlaufen, Reste von Bärten, mit scharfen Messern beseitigt, unter einer Lippe getrocknetes Blut. Ein böses Stillleben aus Licht und Schatten, das doch den Männern Würde verleiht, einen klaglosen Gleichmut verrät, der die Versuchungen von Wohlstand und Westen, ein paar Meter weiter, gelassen kommentiert. Für den pakistanischen Wirt, der in Fast Food investierte, ganz sicher eine Tragödie. Für die innere Befindlichkeit der einlaufenden Gäste aber ein unermesslicher Gewinn.

Abgesehen von den Dhaus war früher alles anders in Dubai, ähnlich gelassen und überschaubar vermutlich. Mohammed erzählt gerne von den alten Zeiten. »Noch in den Sechzigerjahren konnte man die einzelnen Wohnviertel nach verwandtschaftlichen Beziehungen oder Stammeszugehörigkeit unterscheiden. Beduinen oder Händler, die neu in die Stadt kamen, ließen sich dort nieder, wo schon Verwandte lebten. Auch die Ausländer, die Inder und Iraner vor allem, zogen in ihre eigenen Viertel. Die meisten Wohngebiete hatten einen Vorsteher, meistens war es der Stammesälteste oder der angesehenste Bürger, der seine Gemeinde nach außen vertrat, im Falle von Streitigkeiten oder in Krisensituationen, nach einer Überschwemmung beispielsweise. Gleichzeitig war er der Ansprechpartner des Herrschers, wenn dieser der Bevölkerung etwas mitzuteilen hatte.

Es gab damals keine Polizei, kein staatliches Erziehungssystem und wenig gesetzliche Regelungen, insbesondere im Bereich städtischer Verwaltung. Mit anderen Worten, die Regierung, die jeweiligen Herrscher der Maktum, haben es nie als ihre Aufgabe angesehen, das Individuum durch Vorschriften von oben zu bevormunden. Deswegen konnte sich der Kapitalismus in Dubai frei entfalten, bei uns gelten traditionell die Gesetze des Marktes. Sheikh Said Bin Maktum, der von 1912 bis 1958 regierte, schickte seinen Bruder Hashar fast täglich auf die Märkte von Deira, um sich über mögliche Vorschläge und Beschwerden der Händler zu informieren. Diese enge Beziehung zwischen Herrscher und Händlern besteht bis heute, und nicht zuletzt deswegen ist seine Autorität noch immer unangefochten.

Vor der Ölzeit wurden die Menschen an ihren moralischen Qualitäten gemessen, es gab eine subtile soziale Kontrolle und deswegen kaum Verbrechen oder ernsthafte Vergehen. Weil der Herrscher als oberster Schiedsrichter und Friedensstifter allgemein anerkannt war, respektierten die Bürger auch seine Gefolgsleute, sogar seine Steuerbeamten, mehr oder weniger.

Heute verschiebt sich das soziale Gefüge, das egalitäre Leben in Bescheidenheit ist vorbei. Je größer die persönliche oder verwandtschaftliche Nähe zur Macht, desto größer die Beteiligung am Ölvermögen. Ausländische Unternehmen, die in Dubai investieren wollen, müssen einheimische Zwischenhändler einschalten, wie überall am Golf. Die Verträge bekommt, wer über die besten Kontakte verfügt. Der reichste Mann in Dubai, im gesamten Mittleren Osten, ist Magid al-Futaim, ein Großhändler, dessen Vater bereits ein enger Vertrauter von Sheikh Said war. Jedenfalls ist der soziale Ordnungsfaktor in den einzelnen Stadtteilen immer weniger die verwandtschaftliche Zugehörigkeit. Entscheidend ist vielmehr die Höhe des verfügbaren Einkommens.

Als die Ölgesellschaften in den Fünfzigerjahren auf dem Gebiet der heutigen Vereinigten Arabischen Emirate ihre Arbeit aufnahmen, machten sie das liberale und weltoffene Dubai zu ihrer regionalen Basis. Allerdings brauchten sie einen Hafen, der wenigstens für kleinere Schiffe geeignet war. Also wurde der Creek vertieft, im Mündungsbereich erweitert, doch die Kapazitäten reichten nicht aus. In den Siebzigerjahren entstanden drei neue Häfen, darunter der größte Tiefseehafen der Welt, Jebel Ali, gut dreißig Kilometer südlich von Dubai, Zentrum einer gewaltigen Industrieanlage. Parallel zum wirtschaftlichen Wachstum ändert sich das Stadtbild, entstand ein modernes Geschäftszentrum unweit des Basarviertels Deira, parallel zum Creek – jene Perspektive, die unser Fast-Food-Café so trefflich erschließt. Die alten Häuser wurden überwiegend abgerissen, neue Wohnviertel gebaut, einfache Siedlungen für die asiatischen Gastarbeiter, bessere bis exklusivere Nachbarschaften für die Einheimischen und westlichen Experten. Und doch ist Dubai durchwachsen, weniger monoton als die übrigen Städte am Golf, vermutlich wegen der einzigartigen Atmosphäre am Creek, dieses anarchischen Nebeneinanders verschiedener Zeiten und Mentalitäten. Dubai ist eine merkantile Metapher, anders als Abu Dhabi, Doha oder Kuwait, wo Bürokratie und beduinische Traditionen eine politische Symbiose bilden, die sich fortschreibt über Zinsen und Renditen. Dubai wird noch bestehen, wenn das Öl versiegt ist; als Handelsmetropole und Drehscheibe zwischen Golf und Mittelasien, eine Freihandelszone vergleichbar Hongkong oder Singapur.

Dubai Speed – Versuch eines Kulturkomplexes

Michael Schindhelm

11. Januar

In den letzten Tagen wurde dreimal eine Sitzung mit dem Präsidenten von Al Atheem anberaumt. Jedes Mal steckte Mohammed am späten Nachmittag den Kopf in unsere Kammer und kündigte an, dass Marwan Al Hindawi mich am nächsten Morgen um acht wegen des Theaterkomplexes sprechen wolle. Dieser Nachricht ließ er Maßregeln folgen, etwa, dass der Präsident grundsätzlich kurze Antworten wünsche und keine Abschweifungen. Außerdem kündigte Mohammed ein Vorbereitungsgespräch an, damit er meine Ideen besser verstehen könne. (Was heißt besser? Bisher gab es nicht den geringsten Austausch.) Er muss jedoch jeweils kurz darauf für den Rest des Tages fortgerufen worden sein und hat demzufolge keinen Schimmer davon, was ich dem Präsidenten zu berichten habe.

Nachdem er und ich beim ersten und zweiten Termin eine Stunde in der Nähe von Hindawis Büro auf dem vierten Stock herumlungerten, ohne dass sich auch nur Marwans Mitarbeiterin blicken ließ, und Mohammed Marwan zwar auf dem Handy erreichte und ausgelassene Gespräche mit ihm zu führen schien, aber kein Treffen herbeizuführen war, tauchte beim dritten Mal auch Mohammed nicht mehr auf.

Dafür gibt es heute Mittag eine Überraschung. Während ich in einem libanesischen Restaurant im Untergeschoss des Business Towers an einem Schawarma vom Huhn arbeite, ruft mich Mohammed aufgeregt an: Man erwarte mich in zehn Minuten auf dem 52. Stock, um dort nicht nur den Präsidenten unserer Firma, sondern auch einige seiner Kollegen, die andere Bauinvestmentunternehmen leiten, zu treffen. Ich lasse den Schawarma liegen, raffe im Büro ein paar Unterlagen zusammen, die ich mit Azad und Cecilia seit unserer Besprechung im Containerboot über die Strategie des Kulturkomplexes entwickelt und zusammengetragen habe, einige Zeichnungen und Folien mit Vergleichsprojekten in anderen Städten, und fahre hinauf in jene Etage, auf der dem Vernehmen nach die Zentrale der Regierung sitzt.

Ich bin als Erster eingetroffen, deponiere meine Unterlagen auf einem Couchtisch und trete an die Fensterscheibe. Schräg unter mir wühlen sich Divisionen von Baggern und Baufahrzeugen mindestens zwanzig Meter unter Tage in den Sand. Die Hitze lässt die Krananlagen in der Ferne flimmern. Es dauert eine Weile, ehe sich einige der Herrschaften einfinden. Zuerst tauchen Mohammed und ein anderer junger Araber in einem Anzug auf, der sicher teuer war, ihm aber mindestens zwei Nummern zu groß ist. Mohammed ist am Handy und nickt mir kurz zu. Der junge Mann hat A0-formatige Tafeln mit kolorierten Entwürfen von arabischen palastartigen Gebäuden an Wasserkanälen mitgebracht und postiert sie umgehend auf Staffeleien, die überall im Raum herumstehen.

Kurz nacheinander treten zwei weitere Ausländer arabischer Herkunft ein, die uns allerdings nur mit einem kurzen Nicken begrüßen und sich in eine Ecke zurückziehen, wo sie miteinander tuscheln und zwischendurch immer wieder auf ihren Black Berrys nachschauen, ob sie neue E-Mails bekommen haben. Mohammed ist nicht gerade gesprächig. Offensichtlich weiß er nicht genau, was hier passieren soll, auf meine Fragen gibt er jedenfalls nur unbestimmte Antworten. Endlich erscheinen beinahe gleichzeitig fünf Männer und zwei Frauen, fast alle wenig über vierzig, in nationalen Gewändern, die sich in einem Mischmasch aus Arabisch und Englisch muntere Grußformeln und Bemerkungen zuwerfen. Ich werde zuletzt und sehr knapp begrüßt und vom Ältesten unter ihnen wie alle gebeten, Platz zu nehmen.

Seit dem Eintreten der Emiratis herrscht eine aufgeräumte Atmosphäre. Sogar Mohammed redet wie wild auf eine der Frauen ein und lacht. Ich sehe ihm an, wie viel Anstrengung ihn das kostet. Er ist nicht auf seinem Parkett. Es wird wie immer viel mit dem Handy telefoniert. Die Herren tragen kurz geschnittene Bärte, fummeln fast pausenlos an ihren Kopfbedeckungen herum und legen dazu den Kopf zur Seite. Sie machen sich offenbar über einen unter ihnen ein bisschen lustig. Dazu fallen ihnen die beiden Frauen mit einigem Temperament ins Wort, aber ich beobachte das nur von außen, denn ich verstehe nicht, worum es geht, und niemanden scheint das zu kümmern. Endlich tritt ein kräftiger Mann ein, der sicher eins neunzig groß ist, alle mit einem lockeren, arabisch-englischen Gemurmel begrüßt und sich als Einziger mir gegenüber vorstellt. Er ist zweifelsohne der Ranghöchste und steht dem Emir nahe. Von Benson weiß ich, dass er »der Boss« genannt wird. Der Boss also spricht besonders laut, hat ein feines Grinsen in den Mundwinkeln und will, bevor er sich den anderen zuwendet, von mir wissen, wie mir die Stadt gefällt. Nachdem ich ein paar freundliche Betrachtungen angestellt habe, merke ich, wie er unruhig links und rechts an mir vorbeischaut. Bestimmt fessele ich seine Aufmerksamkeit zu lange. Schließlich lässt er sich an der Stirnseite des Karrees aus Polstermöbeln auf einem etwas höheren Ledersessel nieder und erklärt rundheraus, der Herrscher habe vor Kurzem entschieden, die Stadt müsse eine Kulturmetropole werden, und wir hier – er deutet in die Runde – seien das Team. Ich weiß nicht, ob das Zufall ist, aber ich sitze direkt zu seiner Rechten allein auf einem geräumigen Sofa und werde von Mohammed ins Visier genommen.

Der Boss stellt mir ohne Umschweife die anderen vor. Wahrscheinlich geht es ihm darum, so etwas wie eine Teamstimmung aufkommen zu lassen. Die Herren Emiratis sind allesamt Präsidenten staatsnaher Unternehmen, die Damen arbeiten im Büro des Herrschers. Der Zweite links neben dem Boss ist Marwan, mein eigener Chef, der mich in einer Mischung aus Verlegenheit und Misstrauen durch eine Brille mit sehr schmalen Gläsern anblinzelt. Ich versuche ihm freundlich zuzunicken und rücke nervös meine Unterlagen und den Laptop neben mir auf dem Sofa zurecht. Der Araber in Mohammeds Begleitung hat als Einziger nicht Platz genommen, sondern steht mit Blickkontakt zu Marwan hinter Mohammed, als warte er auf ein Zeichen.

Da beginnt der Boss eine kurze Ansprache. Der Herrscher habe erkannt, wie wichtig es sei, die Sektoren Kultur und Bildung zu stärken. Sie seien Bestandteil der Gesamtstrategie. Er selbst, der Boss, sehe Museen und Theater entstehen, Stars wie in Hollywood die Stadt als ihr Zuhause wählen, die internationalen Auktionshäuser ihre Geschäfte hierher verlegen. Jetzt sei es an uns, die Vision des Emirs umzusetzen, schließt er und zieht mit dem ausgestreckten rechten Arm einen Halbkreis vor der Versammlung. Ab heute bildet ihr das Kulturkomitee!

Ehrfurcht breitet sich trotzdem keine aus, weil im selben Moment der Älteste unter den Emiratis halblaut mit einem imaginären Gegenüber zu reden anfängt. Er hält sein Handy über dem Schoß, als sei es eine Hostie, Drähte hängen ihm von den Schultern, halb unter der Guthra versteckt. Wahrscheinlich hat er einen Knopf im Ohr.

Niemand stört sich daran, dass der Mann telefoniert. Marwan scheint der Moment für einen Auftritt gekommen. Er winkt lässig Richtung Mohammed und dessen Adjutanten, welcher daraufhin versucht, vor dem Boss eine Staffelei aufzubauen. Bevor er diese allerdings absetzen kann, hat der Boss schon mit einem kurzen Lachen abgewunken und in die Richtung der anderen Emiratis eine Bemerkung gemacht, die sich anscheinend auf Marwan bezieht und Lacher provoziert. Nachdem der Adjutant wieder von der Bildfläche verschwunden ist, will der Boss von mir wissen, wie ich mir den Kulturkomplex vorstelle. Der Emirati ist immer noch am Telefon.

Ich spüre den nervösen Blick von Mohammed und den uneindeutigen von Marwan auf mir ruhen, und außerdem spüre ich einen ungeheuren Zeitdruck, als könnten in den nächsten zwei Minuten die Weichen für die Ereignisse der kommenden Monate gestellt werden. Während ich von den unterschiedlichen Nationalitäten im Lande spreche und dem Auftrag, deren Interessen an Musik und Theater durch ein Programm aus westlicher und nichtwestlicher Kunst Rechnung zu tragen, sehe ich draußen eine Plastiktüte hinter den Köpfen der mir gegenübersitzenden Emiratis vorbeifliegen. Mir entgeht nicht, dass der Boss kurz den Hintern anhebt und an seinem Dischdasch zerrt, wie man das in unserer Kleiderordnung von Frauen kennt, die einen zu eng geschnittenen Rock tragen, als ich ihm ein paar Daten zu internationalen Konservatorien hinüberreiche.

Ich halte es für eine gute Idee, das Beispiel eines jungen chinesischen Pianisten zu zitieren, der zu einer Zeit geboren wurde, als nach der Kulturrevolution in seinem Heimatland kein Klavier zu finden war, und der heute, fünfundzwanzig Jahre später, einer der berühmtesten und erfolgreichsten Interpreten von Chopin und Schumann ist. Als ich fertig bin, will der Boss wissen, und ich vermute, es ist eine Fangfrage, warum ich im Konzept nur eine kleine Bühne für Theater, eine große für Oper und eine Konzerthalle vorgesehen habe. Er erinnere sich noch an die späten Siebzigerjahre, wo man mit den Kinos einen ähnlichen Fehler gemacht und nur einen Saal geplant habe, und dann sei Multiplex gekommen mit fünfundzwanzig Leinwänden. Das müsse doch auch mit der Oper gehen! Ich habe keine Zeit, das komisch zu finden. Irgendwie bin ich dem Boss sogar dankbar für diesen Einwurf. Kino versus Oper! Ich habe die Gelegenheit, diese Gesellschaft (das »Komitee«) darauf aufmerksam zu machen, dass es Kunst gibt, die profitabel ist (Kino), und solche, die profitabel macht (Oper). Filmkunst bringt direkte Einnahmen für die eigene Kasse, Oper hingegen indirekte Einnahmen für viele Kassen und die ganze Stadt. Aber nur, wenn die Regierung dafür vorher tief in die Tasche greift.

Es geht jetzt in beiden Sprachen munter durcheinander. Wegen der Kosten will der Boss nachhaken. Mohammed macht eine Geste zu Marwan, die ich nicht zu deuten weiß, die mir aber wichtig zu sein scheint. Zwei Milliarden Diram, sagt er dann, und ich sehe wieder die Anstrengung in seinen hinter der schweren Brille oszillierenden Augen. Sorgt mir dafür, dass das so bleibt, sagt mit einer geheimnisvollen Betonung der Boss. Ihm fällt jetzt ein, dass ich im Zusammenhang mit einem Jahreskalender für die Bespielung des Kulturkomplexes erwähnt habe, an manchen Abenden könne aufgrund von Proben nicht gespielt werden. Nicht in diesem Land, ruft er mir mit freundlichem Grimm zu und guckt sich in der Runde um, wie das bei den anderen ankommt. Pausen möge man sich in anderen Teilen der Welt leisten können, in Dubai werde gearbeitet. Und als müsse das durch ein persönliches Beispiel untermauert werden, erhebt er sich, dreht sich hin und her, brabbelt einen Abschiedsgruß und verlässt in schnellen Schritten die Lounge.

Ein Emirati, der gerade erst hereingekommen ist, stellt sich als Mitarbeiter aus dem Büro des Bosses vor. Er dürfte kaum dreißig sein, ist mittelgroß, schlank und hat feine, fast weibliche Gesichtszüge, die weniger auf arabische als indische Herkunft hindeuten. Sein Name ist Salem. Es sieht so aus, als solle er sich um mich kümmern, obwohl er mir das so nicht sagt. Wir stehen uns vor dem Fenster gegenüber und sprechen über meine erste Woche in der Stadt und bei Al Atheem. Ich sage zu ihm unter anderem, in einem Opernhaus würden alle dasselbe Stück singen, in einer Bauinvestmentfirma dagegen gebe es nach meinem Eindruck mehrere Aufführungen gleichzeitig. Europäer und Amerikaner überlegten sich in der Regel, wie man etwas anders machen könne, Araber, wie man die gleiche Sache besser machen könne, ist seine Antwort.

Wir sind die Letzten in der Lounge. Ich war eigentlich davon ausgegangen, mit Mohammed eine kleine Nachbesprechung zu haben und endlich Marwan auch direkt zu sprechen, aber sie scheinen sich schon wieder wichtigeren Dingen zugewandt zu haben. An der Rezeption schlägt Salem vor, noch einen Kaffee bei Starbucks zu nehmen. Im Lift nach unten steigt ein paar Etagen nach uns Marwan zu. Als habe er hier auf mich gewartet, schwenkt er noch einmal in die Diskussion von eben ein. Allerdings scheint kommunizieren nicht so sein Schwerpunkt zu sein. Er fummelt an den Kabeln seiner Kopfhörer herum und fragt scheinbar nebenbei, wie teuer der Betrieb eines Theaters in Europa sei. Als ich ihm auseinandersetze, dass das sehr von der Größe des Hauses abhänge, schaut er Salem an und fragt ihn irgendwas auf Arabisch. Weiter unten kommen andere Leute in den Lift, Marwan und ich stehen jetzt eng nebeneinander. In dieser Situation (er überragt mich mindestens um einen halben Kopf) scheint er mehr Mut zum Gespräch zu haben. Er erzählt mir von seinem vorletzten Besuch in New York. Er habe am Times Square gewohnt und *Lion*

King gesehen. Solche Sachen müssten wir in unserem Haus in Deira machen. Beim Aussteigen kommt ihm noch eine Frage: Vor einem Jahr hätte hier ein dicker alter Italiener gesungen, auf einer Freilichttribüne in der Nähe des Bankenviertels. Ich bestätige ihm, den Mann zu kennen, er sei eine internationale Größe. Marwan guckt mich durch seine schmalen Brillengläser misstrauisch an: Ob das Geschrei von dem Dicken auch Oper sei? Mein nachdenkliches Nicken sieht er gar nicht mehr, denn er hat es eilig und ist schon im Geschiebe der Nadelstreifen verschwunden.

Salem lässt sich nicht anmerken, wie er Marwan findet. Wir ordern einen Kaffee und lassen uns in einer Ecke in zwei Sesseln nieder. Wie alle seine Landsleute, die mir bisher begegnet sind, nestelt er ab und zu an seiner Guthra, mit schmalen Fingern, die bestimmt noch keine Schaufel in der Hand gehabt haben. Mir wird plötzlich klar, hier bahnt sich meine erste richtige Begegnung mit einem Einheimischen an.

Er reicht mir eine Visitenkarte über den Tisch, und an seinem Nachnamen kann sogar jemand wie ich mit nur zehn Tagen Stadterfahrung erkennen, er kommt aus einer noblen und prominenten Familie, die Hotels betreibt und Autos verkauft, deren Name auf vielen Werbetafeln zu finden ist und die mit Sicherheit der herrschenden Familie nahesteht.

Er habe Marketing studiert und in der Branche gearbeitet. Wir wissen, wie wir unsere Sachen zu verkaufen haben, damit Leute in anderen Ländern sich für sie interessieren, sagt er mit kontrolliertem Stolz. Trotz allem Enthusiasmus wirkt er ein bisschen traurig, als wolle er für all die Mühen und Leistungen, die in seinem Land in den letzten zwanzig Jahren erbracht worden sind, getröstet werden.

Kunst sei etwas anderes, habe er verstanden. Kein Marketing, legt er nach und sieht jetzt noch trauriger aus als vorher. Obwohl sich die Leute im Marketing Art Director nennen. Er lacht hektisch in sich hinein, und ich verstehe mit einem Mal, dass das, was er bisher über Erfolge und Kommunikation zu erzählen gehabt hat, eine Art Vorbereitung gewesen ist. Ich komme mir zum zweiten Mal an diesem Tag so vor, als geschehe gerade etwas von großer Bedeutung für die Geschicke der nächsten Monate.

Er habe gehört, Sänger seien schwierig, würde aber trotzdem gern welche kennenlernen. Ich stelle mir vor, dass in seiner Umgebung ein Schauspieler oder Opernsänger ähnliche Assoziationen hervorruft wie bei uns ein Mensch im Dischdasch, und erzähle ihm, dass im professionellen Alltag Künstler sehr gesittete und bescheidene Menschen seien, solange man sie in Ruhe an dem arbeiten lasse, was sie sich vorgenommen hätten. Von Zeit zu Zeit brauchten sie ihr Publikum, ihre Bewunderer, aber darin unterschieden sie sich bestimmt nicht sonderlich von Unternehmenspräsidenten. Diesmal traut sich Salem, komplizenhaft zu grinsen. Er kommt auf sein privates Geschäft zu sprechen: Eines Tages werde er ein Kino für Autorenfilme besitzen, das ganze Programm aus West und Ost seit den Fünfzigerjahren, und neben dem Kino werde es eine Bar mit guter Livemusik geben. Wir sprechen über die Museumsprojekte von Abu Dhabi. Alle wollten jetzt groß mit Kunst und Kultur auftrumpfen. Aber viel sei ja noch nicht passiert. Und dann hat er ein arabisches Sprichwort parat: Die Zunge hat keinen Knochen. Es gibt hier Leute, viele Leute, die sagen, Klavierspielen komme von den Fingern des Teufels. Du wirst uns vom Gegenteil überzeugen müssen.

16. Januar

Al Quoz liegt jenseits der Sheikh Zayed Road, dort, wo es in die Wüste geht, hinter den glitzernden Palästen, in denen Porsche, BMW, Ferrari und all die anderen ihre Modelle ausstellen und an die hier sehr zahlreichen Kunden bringen. Die

Gegend ist eine Pufferzone zwischen der immer nervösen, lauten, aufdringlichen Stadt und dem Hinterland der Beduinen und Kamele. Auf den Stadtkarten als Industriequartier geführt, ist dieses Viertel aus Werkstätten, Lagerhallen, Highways, Tierkliniken, labourer camps und Billigresidenzen für die weniger reichen Einheimischen ein vom Kommerz kaum kontrolliertes Zwischenreich. Hier tummeln sich junge Fotografen, Designer und IT-Unternehmer, *locals* und *expats* auf der Suche nach einem experimentelleren Lebensstil und vor allem einem Mietspiegel, der dem von Bohemequartieren andernorts vergleichbar ist. Al Quoz ist hip, und deswegen haben sich auch die meisten Galerien hier niedergelassen, die die erfolgreichen arabischen und vor allem iranischen Künstler vertreten und unversehens den Kommerz über die Lagerhausrampe wieder einführen.

In einer Gasse mit Sandboden, in der sich links und rechts die meist ein- oder zweistöckigen Häuser (die man hier wirklich nicht mehr Villen nennen kann) hinter meterhohen Mauern ducken, halb nackte einheimische Kinder (wo findet man das sonst hier?) Fußball spielen, verrostete Mitsubishis (Baujahr 1980 folgende) in der Hitze dösen und die Hibiskusbüsche hemmungslos aus den winzigen Gärten herauswuchern, hält Salems Wrangler vor dem Sailing House, das sich von außen nur dadurch von den anderen Anwesen in der Nachbarschaft unterscheidet, dass der Stamm einer großen, über die Mauer ragenden Mimose mit bunten Fäden umwickelt ist.

Hier lebt Hassan, und auf dem Weg hat mir Salem erklärt, Hassan sei der wichtigste emiratische Künstler. Niemand wisse, wie alt er wirklich sei, fünfzig oder fünfundsechzig, aber man behandle ihn in der Szene wie einen weisen alten Mann.

Nachdem wir geklingelt haben, öffnet sich die niedrige Tür, die in einem schmiedeeisernen Gatter eingelassen ist, und ein junger Inder lässt uns eintreten. In einem schmalen Innenhof stehen zwei scheu lächelnde Männer, beide in Jeans und T-Shirts, einer der beiden trägt eine Baseballkappe. Er kommt auf uns zu, begrüßt Salem und stellt sich mir als Besitzer des Sailing House vor. Abdulhamid war in einem anderen Leben ein Banker. Davon scheint nicht viel übrig zu sein. Seit ein paar Jahren betreibt er sein ehemaliges Wohnhaus wie ein Künstlerheim und spielt Gästen gegenüber den Herbergsvater, der die Freimieter vertritt. Anfangs hatte er das Haus Hassan zum Arbeiten überlassen. Dessen Werke lagerten zu Hunderten in Containern auf dem Dach. Kürzlich haben sie angebaut. Hassan scheint sehr produktiv zu sein.

Abdulhamid erzählt mir das ein bisschen hastig, als gebe es für mich Wichtigeres zu tun, als ihm zuzuhören, während er mich im Untergeschoss herumführt, vorbei an Ölbildern und Glasvitrinen, die mit Objekten vollgestopft sind. Als wir vor einer geschlossenen Tür stehen, bricht er plötzlich ab und schaut zu dem anderen Mann hin, der uns bisher schweigend gefolgt ist. Hassan hat nur noch wenige graue Haare, einen buschigen, vom Zigarettenrauchen leicht angegilbten Schnauz und einen lustigen Spitzbauch. Hinter den runden drahtgerahmten Brillengläsern ruht ein tiefer melancholischer Blick auf allen Dingen, die Hassan anschaut, und er lässt sich viel Zeit zum Schauen. Also stehen wir uns eine Weile wortlos gegenüber.

Salem scheint das zu kennen und drückt nach einer gebührenden Pause die Klinke der Tür herunter, die sich nach innen öffnet. Wir stehen vor dem winzigen Zimmer, in dem Hassan wohnt: drei Stühle, ein Tapeziertisch, ein Bücherregal, in dem ich aus der Distanz die Gespräche zwischen Francis Bacon und David Sylvester entdecke, ein ungemachtes Bett. Hassan geht als Erster über die Schwelle, und wie er uns bestimmt und bedächtig mit der Hand zuwinkt und auffordert einzutreten, erkenne ich, dass er nicht oft Besuch hat. Abdulhamid lässt uns allein.

Das ist also der weise Mann der emiratischen Kunst: In den Fünfziger- oder frühen Sechzigerjahren Besuch der einzigen öffentlichen Schule, in der es Zeichenunterricht gab. Außenseiter, weil kein Interesse an Sport. Beginnt mit acht Jahren zu zeichnen, später Karikaturist. Das Land sei damals derart mit sich selbst und seinem Aufbau beschäftigt gewesen, dass Kritik an Gesellschaft und Politik möglich gewesen sei. Einige seiner Karikaturen könnte er heute wahrscheinlich nicht mehr veröffentlichen.

Er schlägt das Bettlaken zurück und breitet seine letzten Entwürfe aus. Das sieht eher nach Statistiken aus, Zahlenwerk und in Segmente unterteilte Quadrate, Figuren, die sich kaum voneinander unterscheiden. Hassan nennt das Semi-System, eine Kombination aus Ordnung und Zufall. Die Bedeutung der Improvisation habe er in den frühen Achtzigerjahren im Jazz kennengelernt, als er in London Kunst studiert hat. Der russische Konstruktivismus habe ihn beeinflusst, das Bauhaus. Hassan kommt in Fahrt, zündet sich eine Zigarette nach der anderen an, beginnt von Paul Klee und Johannes Itten, Wittgenstein und der Frankfurter Schule zu erzählen und zeigt mir seine Essays auf Arabisch, die er über das Bauhaus verfasst hat. Er sei sich sicher, dass die Zeit kommen werde, den Sammelband zu veröffentlichen. Einen Titel hat er schon: *Pluralistic Position.* Die Klimaanlage summt und treibt den Qualm der Gauloises über unseren Köpfen hin und her.

Dann steigen wir in das obere Geschoss. Farbe, sagt Hassan, sei für ihn nichts als Farbe. Rot bedeute Rot. Für andere Leute möge Rot auch für Blut oder Krieg stehen, für ihn nicht. Und Rot sei auch nur ein technisches Hilfsmittel, um die Wirklichkeit »Rot« darzustellen. Er mag keine Symbolik, und was er auch nicht mag, ist das Wort kreieren. Hassan *macht* Kunst. In den kleinen Zimmern, die wir auf dem Weg nach oben durchqueren, strotzt es von billigen Haarkämmen, Verpackungen oder Serien von Badesandalen, die wie abstrakte bunte Skulpturen in Regalen und auf dem Boden liegen oder hinter Glasscheiben baumeln, Hassans Antwort auf die glitzernde Stadt.

Das obere Stockwerk bildet ein kleines Atelier, in dem vielleicht zwei Dutzend mittelgroße, teilweise noch nicht fertiggestellte Bilder in grellen Farben und mit realistischen Motiven stehen und hängen. Männer in Anzügen und mit wütenden Gesichtern vor Mikrofonen, Kühe auf einer Weide, über der Tomaten schweben, Nachthimmel über flachen Häusern, wie man sie in Al Quoz findet. Hassan öffnet eine zweite Tür, und wir treten auf das Dach. Die Nachbarschaft hat hier nirgendwo höher als zwei Stockwerke gebaut. Wäscheleinen, Palmenschöpfe, Zinkdächer mit Wassertanks und Klimastutzen. Hassan zeigt mir die vielen Satellitenschüsseln. Die hätten es ihm angetan. Eine Verbindung zur unsichtbaren Welt. Der Himmel über uns, sagt er, sei voller Zeichen, die wir mit den bloßen Augen nicht sehen könnten, die aber trotzdem unser Leben bestimmten. Das hätten Künstler und Satelliten gemeinsam: Sie saugten Wörter, Farben, Menschen an, Bilder der Luft. Er widmet den Schüsseln gerade eine Serie von Aquarellen, auf denen sie rhombische Formen haben.

Ich mache Anstalten, mich zu verabschieden, da taucht Abdulhamid auf dem Treppenabsatz auf, führt mich noch einmal auf das Dach und deutet auf ein verrostetes und verbeultes Ölfass zwischen den Containern, das mit dicken Tauen umwickelt ist. Wenn du verstehen willst, was es heißt, in dieser Stadt ein Künstler zu sein, dann musst du die Geschichte dieses Fasses kennen. Hassan mischt sich ein und sagt, er solle nicht in den alten Sachen wühlen. Aber Abdulhamid lässt sich nicht beirren. Er hat sich gerade etwas vorgenommen, und das scheint ihm sehr am Herzen zu liegen. Seine Augen blitzen seltsam, ein bitterer Zug ist um seinen Mund, und er spricht lauter als bisher. Vor knapp dreißig Jahren hat Hassan das Fass als eine seiner ersten Arbeiten der lokalen Gesellschaft für Kunst vorgestellt. Die Leute sind empört gewesen und haben am Abend der Eröffnung das Fass entfernt. Am nächsten Tag stand in der Zeitung, Leute wie Hassan seien keine Künstler, sondern böse Zauberer, die verbrannt gehörten. Hassan ist jetzt auch ganz unruhig geworden, steht kopfschüttelnd neben Abdulhamid und tippt ihn ein paar Mal am Arm. Er solle diese Sachen ruhen lassen, es ginge doch ganz gut inzwischen. Abdulhamid: Ganz gut? Schlecht gehts!

Für Abdulhamid scheint damit vorerst alles gesagt zu sein. Ich gebe Hassan die Hand, und er hält sie eine Weile in der seinen, als wolle er noch was hinzufügen, tut es dann aber nicht, sondern beschränkt sich auf ein feines Schmunzeln, das irgendwie sogar seine traurigen Augen einbezieht. Dann steigen wir ohne ihn die enge Treppe des Sailing House nach unten. Der Herbergsvater zupft verlegen am Schirm seiner Mütze. Ganz ist er doch noch nicht fertig. In der Stadt habe es Ausstellungen gegeben, zu denen Minister und Scheichs erschienen seien. Hassan habe immer der Moment interessiert, wenn diese Leute ratlos vor seinen Werken standen. Minister könnten solche Sachen eben nicht verstehen. Und wenn sie das einsähen, habe sich für Hassan die Arbeit gelohnt. Und für ihn, Abdulhamid, dann auch.

Wir stehen unter der Mimose, deren Stamm Hassan mit Wollfäden in sieben verschiedenen Farben umwickelt hat, was dem Hof etwas von einem Kinderspielplatz gibt. Die Nachbarn machten ihm Ärger, sagt Abdulhamid mit gesenkter Stimme, als könnten sie uns hören. Warum gehe er nicht arbeiten? Warum vermiete er das Haus nicht, sondern packe es voll nutzloser Bilder? Er redet plötzlich in Arabisch auf Salem ein, übersetzt dann aber. Jemand hat sie angezeigt, und die municipality hat mit Strafen gedroht, weil das Sailing House den Raum illegal angebaut hat, um die großformatigen Ölbilder vor der Hitze auf dem Dach zu retten.

Salems Kommentar, nachdem wir wieder im Wagen sitzen: Wenn du etwas machst, womit die Leute nichts anfangen können, gibts Ärger. Kunst, die kein Geld bringt, zum Beispiel.

2. April

Am Morgen ein dunkelgrauer Pilz über der Skyline an der Sheikh Zayed Road. Ein Dschinn scheint seine Wolkenfaust in den stählernen Himmel zu recken. Irgendwo tiefer in der Wüste brennt es. Im Büro erfahre ich, dass ein Lager mit Feuerwerkskörpern in die Luft geflogen ist. Ich frage mich, ob und welche Bedeutung das für diesen Tag hat.

Zwei Stunden später steige ich mit Salem in der Nähe der Creek-Mündung aus dem Wagen. Er mischt sich unter die anderen jungen Burschen, die am Eingang eines riesigen Beduinenzeltes aus hellgrauem Stoff darauf warten, dass sie ihre Chefs begrüßen und eskortieren können. Bis zuletzt haben sie mich aus der Sache rausgehalten. Als wollten sie mir eine besondere Überraschung bereiten. Das ist ihnen auch gelungen. Das Zelt wirkt mit der Bühne und dem Gestühl wie ein Kinosaal. Sie haben in den letzten Tagen fieberhaft an der Vorbereitung gearbeitet. Salem, Latifa, Mona und sogar Carmen waren im Einsatz, haben Einladungen verschickt und von einem renommierten britischen Marketingunternehmen einen Film, Architekturmodelle und ein Programm produzieren lassen. Ich bin sicher, auch der 52. Stock hatte seine Finger im Spiel.

Servicepersonal patrouilliert auf und ab, bietet parfümierte Erfrischungstücher, Datteln, Selleriestangen und Orangenscheiben an. Kaffeekannen aus Messing stehen auf Bartischen bereit, über einen Lautsprecher wird Loungemusik eingespielt. Ich schätze, vierhundert Gäste gehen um die Stuhlreihen herum, meist höhere Angestellte der Regierung und Freunde der herrschenden Familie, höchstens fünfzig Ausländer. Weil es sonst nichts zu tun gibt, drehen sie sich zu den historischen, sepiastichigen Aufnahmen der Stadt um, die im Wechsel an die Zeltwände projiziert werden. Man sieht ausgemergelte dunkle Körper in die glänzenden Wasser des Creek tauchen, die Männer haben furchterregende Klammern in der Nase und kehren aus der Tiefe mit Austern zurück. Weihrauch schwängert die Luft.

Nach und nach spricht sich herum, der Herrscher sei auf dem Weg. Man nimmt Platz, die Einheimischen in den vorderen, die Ausländer in den hinteren Reihen, ohne dass jemand Instruktionen gegeben hat. Die mittleren Plätze der ersten Reihe bleiben frei. Als die Musik verstummt, die Bilder an den Wänden erlöschen und der Boss durch den Eingang neben der Bühne tritt, erheben sich alle von den Plätzen. Der Boss macht Platz für den Herrscher. Der trägt – im Gegensatz zu allen anderen Emiratis – einen mehrfarbigen Dischdasch, ein glänzendes dunkles Blau dominiert. Scheich Mohammed guckt freundlich in den Saal, wirkt fast ein wenig schüchtern, sagt leise »Salam« und steuert auf den ihm zugewiesenen Polstersessel zu. In seinem Schlepptau folgen einer der Söhne, der Boss, Marwan und ein paar andere Würdenträger, einige von ihnen in Uniform. Als alle der Reihe nach Platz genommen haben, teilt sich die Zeltwand noch einmal, und der Kronprinz eilt herein und sorgt dafür, dass die gesamte Gesellschaft (außer dem Vater) noch einmal von den Plätzen schnellt.

Der jüngere Sohn nimmt hinter einem Pult Aufstellung. Mit seinem Namen soll der Kulturaufbau der Stadt in Zukunft verbunden sein: Seine Hoheit Majed bin Mohammed Al Maktoum wird der Präsident des Kulturrats. Jetzt spricht er zu uns. Carmen, die neben mir sitzt, flüstert, die Rede habe sie gemeinsam mit Salem und Latifa vorbereitet. Sie ist ganz stolz darauf, und ich muss mich vorsehen, nicht zu wenig Begeisterung zu zeigen. Der junge Fürst hat die zwanzig noch kaum überschritten. Obwohl ich kein Wort verstehe, weiß ich, dass er uns gerade mitteilt, die neue Regierungsorganisation werde Dubai unter seiner Führung zu einer der bedeutendsten Kulturstädte der Welt machen. So viel hat mir Salem auf der Herfahrt verraten. Den Rest der Rede kann ich mir vorstellen: Die Stadt habe in vielen Lebensbereichen ihre Kreativität unter Beweis gestellt. Sie erfülle in all ihrem Wirken die Vision des Emirs, aus ihr eine Weltmetropole zu machen.

Den Schluss übersetzt mir Carmen flüsternd. Die Zeit sei knapp und rufe. Der Herrscher habe ihn, seinen Sohn, per Dekret ermächtigt, die Region rund um den Creek zum Kulturzentrum der Stadt zu machen. Viele Museen, Galerien und Theater würden in den nächsten Jahren entstehen und vor den Menschen der Stadt und ihren Besuchern von der geistigen und künstlerischen Größe der emiratischen und der globalen Kultur Zeugnis ablegen.

Als der junge Mann, der mit großem Ernst gesprochen hat, das Pult verlässt, gibt es einen angemessen langen Applaus. Ich sehe Gesichter um mich herum strahlen, es sind die der Ausländer.

Da wird es kurz dunkel im Zelt, und links neben der Bühne glimmt ein Licht auf, aus dem allmählich das Bild einer Wüstenlandschaft entsteht. Zwei Männer im Dischdasch, die Beduinen darstellen sollen, räkeln sich in einfachen choreografischen Figuren um die bläulich schimmernde 3-D-Animation eines Lagerfeuers. Dazu entströmt den Lautsprechern eine einsame und schlichte Melodie. Nach einer guten Minute hat sich das Bild von den frierenden Beduinen erschöpft. Auf der anderen Seite der Bühne tauchen zwei neue Gestalten in einem wiederum bläulich schimmernden Halbdunkel auf, dessen Lichtgewaber vermutlich das Meer und seine gefährlichen

Tiefen simulieren soll. Die beiden Männer rudern zwischen den oszillierenden Laserstrahlen umher und fördern tischtennisballgroße Perlen zutage. Auch dieses Schauspiel geht zu Ende.

Der Saal wird wieder vollständig abgedunkelt. Ich höre nervöses Hüsteln, eine seltsame Spannung liegt plötzlich über dem Saal. In der Zwischenzeit ist über der Bühne eine Leinwand herabgelassen worden. Wir erleben einen Helikopterflug über die Stadtteile am Creek, sehen Dhaus und im Abendlicht glitzernde Hochhausfassaden, in denen sich ein Falkner spiegelt, der seinen Vogel auf dem Arm hält. Wir werden in die Gassen von Deira hinabgeleitet, in denen Weihrauchschwaden aus der Glut steigen und die Händler ihre Trommeln rühren. Allmählich verformt sich die Architektur. Was eben noch wie ein Lagerhaus oder eine Parkgarage ausgesehen hat, ähnelt jetzt einer persischen Festung. Die Marina am Creek ist nicht mehr mit wimmelnden Trägern des Mittleren Orients bevölkert, die ihre Waren auf die Schiffe verladen, stattdessen steigen emiratische Familien aus Mercedessen und Porsche Cayennes und ziehen in gemessenem Schritt über palmengesäumte Grünanlagen. Hin und wieder begegnen sie weißen Ausländern. Der Helikopter macht eine Kehrtwendung und nähert sich der anderen Seite des Creek, wo heute noch quadratkilometerweit das immobilienträchtige, unberührte Land von marmornen Villen und Segeljachten, teuren Malis und Landeplätzen für Privatjets träumt.

Der Flug mit dem Helikopter drängt mir die Erinnerung an *Apocalypse Now* auf. Außerdem wird der Streifen von einer dramatischen Musik begleitet, die gut zu Wochenschauen aus dem dunklen Geschichtskapitel meiner Heimat passen würde. Als die Kamera über dem einzigen halbwegs historischen Quartier in Bur Dubai stehen bleibt, werfen sich neonleuchtende Buchstaben über das Bild: *Khor Dubai: the most com-*

prehensive cultural destination in the world. Und dann folgt eine Liste von Projekten: Museen, Galerien, Theater, Kinos. Ich zähle zweiundsiebzig. Unser Komplex ist immerhin auch dabei (und heißt jetzt Theatre Land).

Während die Musik zu einem Finale kommt, das Anleihen bei *Siegfrieds Tod* gemacht hat, hebt sich in einem stampfenden, von feinem grünen Nebel weichgezeichneten Countdown die Leinwand und gibt im aufdimmenden Licht den Blick auf ein etwa fünfzehn Meter langes Modell des Creekgebietes frei. Einen Moment lang herrscht vorgeburtliche Stille.

Dann erhebt sich der Herrscher gemeinsam mit seinen Untertanen und schreitet das Modell ab. Marwan ist jetzt direkt neben ihm und beginnt, von der Seite und über die Schulter auf ihn einzureden. Er sieht ein bisschen nervös aus, seine Augen scheinen noch schmaler zu sein als seine Brille. Der Herrscher nickt ab und zu, zeigt auf irgendeinen Punkt am Modell und wendet sich manchmal seinen Söhnen oder dem Boss zu.

Die Besichtigung dauert nicht mehr als zehn Minuten, und schon zieht sich der Herrscher über den roten Teppich zurück, auf dem er eingetreten ist. Ungefähr dreihundert Leute sind noch im Zelt und drehen nun auch die Runde um das Modell. Sie scheinen überwiegend guter Laune zu sein. Ein paar lokale Journalisten versuchen jemanden zu finden, der ihnen etwas über den Creek und den Kulturrat sagen könnte. Ich bahne mir zusammen mit Carmen den Weg an die Tafel, um mit leicht erhöhtem Pulsschlag zu besichtigen, was der neue Kulturrat sich so vorgenommen hat, und finde eine mit viel Liebe zum Detail ausgestattete Landschaft Hunderter von netten Häuschen mit persischen Windtürmen vor. Dazwischen stehen ein paar Hochhäuser. Auf dem Creek segeln unschuldige Boote. Ich suche die Tafel nach Hinweisen auf die vielen Kulturprojekte ab, von denen im Film gerade die Rede war. Das Modell unterscheidet sich in nichts von Bauentwicklungsprojekten, wie man sie oft in Shoppingmalls findet, mit Verkaufsständen daneben, an denen man gleich Wohnungen vormerken lassen kann. Die wenigen Zeugen der emiratischen Vergangenheit (die Suks und flachen Handelsgebäude in Deira) sind einem mächtigen Resort aus Luxusapartments und Touristenmärkten gewichen. Das ist also the *most comprehensive cultural destination*. Ein Marketingprogramm, um den Creek zu verhökern.

Ich suche nach Salem. Er steht mit ein paar Jungs aus der Büroclique zusammen und scheint andere Themen zu haben. Vermutlich wirke ich verärgert, jedenfalls sieht er mich alarmiert an, als wir aufeinander zugehen. Bevor ich etwas sagen kann, klopft er mir leicht auf die rechte Schulter. Es geht los, sagt er. Du bist keine Taskforce mehr, jetzt bist du der Kulturrat. Unser Mr Culture.

24. Juli

Wir haben das Vergnügen, zwei Mitarbeiter eines Naturkundemuseums in Houston zu empfangen. Das Wort führt ein Amerikaner asiatischer Abstammung, Lee, mit pomadisiertem Haar, glänzend rosiger Haut und glänzendem, pomadisiertem Grinsen. Er trägt rot-weiß gestreifte Hosenträger über dem weißen Hemd und hat das Jackett im Auto gelassen. Von *Destiny in the Desert* weiß ich, so sehen Boxkampfrichter aus.

»Hallo, Freunde!«, ruft er durch den Sitzungsraum Latifa, Salem, Tarek und mir zu. »Was für eine umwerfende Gelegenheit, euch unser *einzigartiges* Museumskonzept vorzustellen. Ihr wisst natürlich, es gibt viele Naturkundemuseen auf der Welt. Uns gibt es nur einmal! Wir wollen euch nicht die Zeit mit wolkigen Konzepten stehlen! Aber eins lasst euch gesagt sein: Das Humble NatHist in Houston ist das rentabelste und erfolgreichste Museum seiner Art weltweit. Wir haben die meisten Besucher. (Pause) Die höchsten Einnahmen. (Wieder

Pause) Die modernste Ausstellung. Uuund (noch mal Pause) wir brauchen keine Zuwendungen! Wir finanzieren uns selbst! Wie wir das gemacht haben? Passt auf!«

Eine Powerpoint-Präsentation läuft an: Die Landkarte der USA, von Texas, das Satellitenbild von Houston mit einem Zoom hinunter auf das Humble NatHist. Zahlen und Tabellen folgen, die die weltweite Spitzenstellung demonstrieren (Vergleiche mit New York, London, Paris etc. Lee: »Zuerst waren die Europäer da, gestern kam die Ostküste, heute sind wir dran.« Europa ist demzufolge von vorgestern.). Alles einzigartig. Houston schlägt jeden: bei Besuchern, Einnahmen, Quadratmetern. Vor allem bei Quadratmetern. Denn das Humble NatHist ist eigentlich kein Museum, sondern ein Themenpark. Mit viel Spielwiese für texanische Shopper rund um die Neandertaler und Dinos.

Komischerweise macht Lee gleich nach den Statistiken einen Schwenk auf die *Vision Dubai.* Er lässt uns partout nicht in seine texanische Museumsbude reingucken und will stattdessen, dass wir ihm sofort auf seinen virtuellen Naturlehrpfad zur Aufklärung der Golfbevölkerung folgen. Dubai soll ein zweites Houston werden. Ein Humble NatHist Dubai hat er im Sinn, der Gute. Die Fernbedienung in der Linken, den Daumen der Rechten unter dem Hosenträgerband, geht es volle Fahrt voraus in die Zukunft der Vergangenheit. Das Humble NatHist Dubai ist ein Fleckchen Wüste von 250 000 Quadratmetern Grundfläche (knapp das Doppelte des Louvre, wenn ich mich zutreffend erinnere), auf dem ein Park der Naturgeschichte entstehen soll. Lee reibt sich die Handballen und führt uns vorüber an urzeitlichen Vulkanen und Pleistozängletschern. Saurierherden jagen über unsere Köpfe hinweg, wir driften an vorsintflutlichen Riesenfischen vorbei, beklettern das Skelett eines Brachiosaurus brancai, das mit texanischem Akzent berichtet, wie es den Weg in die Wüste am Golf gefunden hat. Habt ihr Jungs so was schon gesehen? – Natürlich nicht.

Ich schiele zu meinen emiratischen Kolleginnen hin und bilde mir ein, Latifa hätte mir ein ironisches Grinsen rübergeschickt. Lee ist jetzt auf dem Höhepunkt: Von der Decke eines eigens zu diesem Zweck errichteten Pavillons hängt ein Globus mit zwanzig Metern Durchmesser: der Stolz des Humble NatHist Dubai. Alles, was wir bisher gesehen haben, hätte man auch in Houston haben können. Der Globus ist ein Exklusivangebot an uns. Entwickelt in Kooperation mit NASA und Google, eine dreidimensionale Nachbildung. Die Welt in einer zwanzig Meter großen Google-Nussschale. Drum herum laufen Galerien, auf denen Bildschirme angebracht sind. Diese Bildschirme funktionieren wie Mikroskope. Der Besucher berührt die Schirmoberfläche und tastet sich an seinen Lieblingsangelplatz in den Rockies heran, misst die Wassertemperatur am Strand von Franz-Joseph-Land oder sieht nach, ob auch niemand unkontrolliert in seinem Schlafzimmer herummacht. Lee führt uns vor, wie man sich an all diese topografischen Einzelheiten heranzoomt, turnt vor der Leinwand von rechts nach links und zurück.

Es ist wie bei Google Earth. Ihr könnt euch auf den Kopf gucken, sagt Lee. Das können wir jetzt auch schon, am Computer, wirft Tarek ein. Jaa, aber das hier ist dreidimensional, Jungs! Streng genommen müsste ich ihn jetzt unterbrechen, aber Lee kennt wahrscheinlich nur dreidimensional. Derweil ist er bei der Wetterbeobachtung: Wer hat den größten ökologischen Fußabdruck?! Lee merkt zu spät, dass das keine gute Idee war, die Golfregion ist schon auf der Leinwand. O. K., sagt er, das werdet ihr ja bald im Griff haben. Aber hier: Wer hat die größten Erdölvorkommen? Wieder taucht die arabische Halbinsel auf. Lee glänzt jetzt überall, sogar an den Hosenträgern, scheint mir.

Auf der letzten Folie ein Porträt des Herrschers. Unser Kampfrichter will noch schnell zeigen, dass er eine Menge über die Stadt und Seine Hoheit in Erfahrung gebracht hat. Er zitiert Visionen und Strategiepapiere. Eigentlich läuft alles auf das Humble NatHist Dubai hinaus. Haben wir über Kosten gesprochen? Aber da muss Lee passen. Der Globus werde auf hundert Millionen geschätzt (Dollar, Dirham?). Ohne Tiefenanalyse und die entsprechende Marktforschung (inklusive Immobilien) sei eine seriöse Kalkulation nicht zu machen. Humble NatHist stehe dafür jederzeit zur Verfügung.

Nach einer Stunde und zehn Minuten sind wir fertig. Salem versichert Lee, er habe uns keine Zeit gestohlen, sondern geschenkt. Beruhigt stelle ich fest, dass Salem meine Gemütslage richtig einschätzt, die Sache in die Hand nimmt und Lee ankündigt, Tarek werde sich »sehr bald« mit ihm in Verbindung setzen.

1. November

Gemäß *The Emirates* hat Seine Hoheit, der Herrscher von Dubai, die Menschen zu Weisheit und Geduld im Umgang mit der Wirtschafts- und Finanzkrise aufgerufen. Fragt sich, wen er damit meint. Abdulhamid etwa, der still in seinem Sailing House sitzt und hofft, nicht für seinen illegalen Anbau gerichtlich belangt zu werden, und auf ein ermutigendes Angebot wartet, wo er die vielen neuen Bilder Hassans lagern kann? Oder den Chef von Arab Properties, der vor einer Woche das Projekt eines neuen höchsten Turms der Welt (eintausend Meter) ausgerufen hat? Den aserbaidschanischen Hausbesitzer, der vor drei Monaten für viereinhalb Millionen US-Dollar eine Liegenschaft auf der Palme gekauft und jetzt für zwei Millionen zum Verkauf gestellt hat und selbst dann nicht loswird, als er das Angebot um zwei Bentleys aus seinem Stall erhöht? Oder meint Seine Hoheit den Bauarbeiter aus Kerala, der mir vor ein paar Monaten das Polaroid von seinem Vater gezeigt hat?

Al Atheem hat einem Drittel der Belegschaft die betriebsbedingte Kündigung ausgesprochen. Die Mitarbeiter werden in die Personalabteilung gebeten, im Kündigungsschreiben stellt man ihnen einen bezahlten Urlaub in (je nach Dienstgrad) unterschiedlicher Länge über den aktuellen Tag hinaus in Aussicht, und dann bekommen sie zwei Stunden, um ihren Arbeitsplatz zu räumen und betriebswichtige Unterlagen (sowie die Krankenversicherungskarte) zu übergeben. Seitdem erhalten wir Rundmails, in denen sich Mitarbeiter verabschieden. Azad ist auch darunter: Liebe Freunde, dies ist mein letzter Arbeitstag mit Al Atheem. Ich bin weiter unter folgender Adresse in Norwegen erreichbar etc.

5. November

Aus Gerüchten werden Tatsachen. Die Immobilienpreise sind in den letzten sechs Wochen um ein Viertel gesunken, Bauentwicklungsunternehmen haben Milliarden Verbindlichkeiten, ohne zu wissen, wie sie die decken sollen. Das Grundstück von Theatre Land ist an Scheich Mansour verkauft worden und soll als Großparkhaus für Luxuswagen geplant werden. Ich kann mich entsinnen, Anfang der Neunzigerjahre in Kentucky eine Theatertruppe kennengelernt zu haben, deren Bühne zu einem Parkhaus gehörte und die sich mit den Gebühren über Wasser hielt. Vielleicht klappt es ja doch noch mit der Kulturfinanzierung. Allerdings sind in der letzten Woche auf dem Parkdeck des Emirates Towers sechs herrenlose Porsche Cayennes ausfindig gemacht worden. Die sollen nun versteigert werden. Fragt sich, wer für die Parkkosten aufkommt.

Im Büro herrscht aufgeregte Unterbeschäftigung. Die Aussichten für die bestehenden Projekte sind ungewiss. Wir haben keine Anweisungen oder Informationen erhalten, sind aber vorsichtig bei der Arbeitsplanung. Man könnte sagen, es ist Dienst ohne Vorschrift und ohne Sicherheit, dass er (der Dienst) noch lange fortgesetzt werden wird. Neue Vorschläge werden abschlägig beschieden. Salem scheint mehr zu wissen, als er sagen darf, und wirkt müde und unsicher. Trotzdem erklärt er ungefragt, der Kulturrat sei eine wichtige Organisation der Regierung und werde weitermachen.

22. November

Verlassene Autos, Wohnungen, Häuser, Boote, nachrichtenlose Konten, geräumte Büros: Die Moritat des Kapitalismus mag in diesen Tagen überall auf der Welt spielen, aber wahrscheinlich nirgendwo so ehrlich und radikal wie hier. Bis eben hat die Stadt geschluckt, was sie kriegen konnte. Nun spuckt sie aus:

Menschen, Material. Die Sonne taucht gegen halb sechs in den Golf ein, und da sieht man sie mit bloßem Auge, die Umrisse einer täglich wachsenden Anzahl von Frachtern am Horizont. Sie transportieren Stahl, Glas, Fahrstühle und Keramikplatten und warten auf Einlass in den Hafen einer Stadt, in der bis eben vier Millionen Quadratmeter Baugrund überbaut werden sollten, wofür ein Viertel aller Baukräne der Welt eingesetzt wurden. Flugzeuge werden gechartert, um überflüssig gewordene Arbeitskräfte außer Landes zu schaffen. Man lässt die Männer im Camp antreten, sagt ihnen, sie sollen Arbeitsanzüge und Helme auf einen Haufen legen, und fährt sie zu einem abgelegenen Rollfeld nahe der Wüste. Es muss schnell gehen, denn viele von den Männern haben sich in der Hoffnung auf drei Jahre festen Lohn bei ihren Nachbarn zu Hause verschuldet, um den Job hier zu erwerben. Nun können sie nicht mehr in die Dörfer zurück. Vielen, sagt man, bleibt nur der Selbstmord. Und damit will man hierzulande nicht belästigt werden.

Ich erhalte E-Mails, in denen ich vor der Verwendung von Kreditkarten gewarnt werde, vor Panikverkäufen, vor der Warnung vor Panikverkäufen und vor der Verwendung von Kreditkarten. Im Fahrstuhl des Emirates Towers bricht eine junge Russin in Tränen aus. Sie hat auf Kommissionsbasis Wohnungen und Häuser vermittelt und seit Wochen keinen Dirham verdient. Und dann schreibt mir Danny, ein fünfzigjähriger Amerikaner, den ich einmal auf einer Party im Fairmont Hotel getroffen habe. Danny hat bis gestern für eine taiwanesische Computerfirma Software eingekauft. Jetzt sitzt er auf einer Dienstreise in Riga fest, weil ihm seine Firma nicht nur gekündigt, sondern auch Telefon und Kreditkarte gesperrt hat. Seine Aufenthaltsgenehmigung gilt noch eine Woche. *The wolves howl at the door*, schreibt Danny. *Need a gardener?*

Bilder von innen

In der Wüste findet nur der Kluge den Weg

Mohammed bin Rashid al Maktoum

Allen, die gegen den gesellschaftlichen und wirtschaftlichen Fortschritt der Emirate kämpfen

Er, der nie seinen Termin verstreichen ließ, kam zu mir,
ein guter Freund, der über mich verärgert war, ohne Grund

Um seine Augenwimpern beneideten ihn
die Nachbarn, Freunde und alle Verwandten

Sein warmer Blick erstarrte
angesichts so vieler Selbstsüchtiger und Schwindler

Die Zeit dreht sich für den, der sieht
Wer lebt, wird sehen, wie die Welt sich wandelt

Hast du je einen freien Falken gesehen, den die Trappe
verscheucht?
Der Schutz sucht und nicht weiß, wohin?

Oder den Löwen, der Angst hat, zu seiner Wasserstelle
zu laufen,
weil die Gazelle schon vor ihm dort angekommen ist?

Oder das Kamel, wenn Ameisen es jagen:
Haben sie es zu Fall gebracht und auf ihren Ameisenhügel
gelegt?

Oder den, der seine Bienen zurücklässt, mitsamt ihrem
Honig und bei den Heuschrecken nach Honig sucht?

Oder sahst du den Bauern, der sein Feld bestellt
und die guten Pflanzen jätet, aber das Unkraut stehen lässt?

Oder die zerbrochene Muschel, die sich öffnet und die Perle
wegwirft, doch den Sand behält?

Sie aber vertrauten dem Wolf an, was ihn beglückte,
nämlich die Schafe, und der Wolf bedankte sich artig

Und alle Füchse zogen Nutzen daraus!
Die Araber waren durcheinander wie nie zuvor

Als die Hyäne sich erhob und, ihren Ursprung verleugnend,
behauptete, zur Familie der Berglöwen zu gehören,

behauptete, sie sei Herrin des Wissens,
sie sei kundig und verkörpere deshalb die Hoffnung,

und erklärte dies für erlaubt und das für verboten,
soweit sie vermochte,
ohne das Heilige Buch zu kennen, das uns herabgesandt wurde,

da traten aus ihrer Meute einige hervor, sie zu unterstützen,
denn sie glaubten, die Hyäne habe die Macht

Eine Meute, gewöhnt an Scheitern und Niederlage
Nichts andres kennen sie, überlassen sich ihrer Faulheit

Sich selbst weiterzuentwickeln interessiert sie nicht, lieber
suchen sie bei jeder gerechten Sache nach Mängeln

Einer aber führt sie an, und wir kennen sein Ziel
Niemand braucht uns seinen Namen zu sagen: Abu Jahl,
Vater der Unwissenheit!

Ein Bild nur, und nicht einmal greifbar,
ein Symbol nur mit schillernden Bedeutungen

Wenn die Arznei sich als Gift entpuppt, wer lobt sie dann?
Doch eine Spur Gift tut manchmal gut

Wer sich über seine Hand ärgert, der schneide sie ab,
ehe sie ihn lähmt oder zum Tod führt

Mancher versalzt das Essen, um zu verbergen, dass es
verdorben ist
Doch was, wenn das Salz selbst verdorben ist?

Dann heißt es: Entschlossen sein! Denn wer in der Löwen-
grube schläft,
sollte wachsam sein, wenn der Löwe brüllt

In Sekunden, wenn sich der Löwe ihm nähert,
ist er gefressen! Der Löwe kennt keine Zurückhaltung

Der alte Mann

Bei Sonnenuntergang, als das Gesicht der Sonne sich
verfinsterte
und die Nacht das Auge des Tages schwarz umrandete,

blieb ich bei ihm stehen, der schlecht sah
Es war, als ließe die Zeit die Jahre an mir vorüberziehen

Er läuft in den Fesseln des Alters, die Beine schleppend,
und trägt sein drittes Bein in der rechten Hand

Sein Rücken gebeugt wie ein Bogen vom Alter, abgenutzt,
greisenhaft sucht mich sein Blick

Wenn er sehen will, nimmt er die Hände zur Hilfe,
als könnten die Hände den Augen helfen

In den Runzeln seines Gesichts sehe ich Buchstaben und Linien,
in denen ich eine Geschichte lese, die sonst keiner kennt

Als stünde darin, was Menschen längst vergangener Zeiten
in die Handflächen gemeißelt

In den Adern seiner Hand seh ich die Überreste eines Lagers,
dessen Spuren traurige Jahre tilgten

Die Haut ist wie ein altes Gewand, ledrig, zerknittert
von Altersfalten, von Runzeln, die es entstellen

Von der Schuld, die er einst aufnahm, ist er noch nicht
entbunden,
bis heute zahlt er sie in Raten ab

Seine Hände zittern, doch ist das nicht Kälte, nicht Furcht,
sondern die Schwachheit, die über ihn kam

Die Stimme klingt wie das Echo aus einem tiefen,
dumpf tönenden Brunnen

Vergangen, und mit ihr die Jahre und ihre Geschichte,
die Welt, wie sie war, der sein Streben galt!

Er weiß so viel über die Entschwundenen zu erzählen,
als wäre er schon mit Noah an Bord der Arche gewesen

Auch wenn er bedauernd über seine Jugend spricht,
klingts, als wäre er mit Noah an Bord der Arche gewesen

Frage ich ihn, ob er die Ziele, die er sich gesteckt, erreicht
habe, überfällt ihn die Stille der traurigen Nächte,

und er sagt nur: Das Leben ist im Nu vergangen,
Ein jeder Tag vergeht, ob schlecht, ob recht

und man versucht, ihn in Anstand zu leben, Gutes zu tun,
im Gedanken an die Versprechen, die man gegeben

Jetzt, bei Sonnenuntergang, erkenne ich Zeichen des Todes
Schau ich dich an, offenbart sich mir die Bedeutung des
Endes

Zwischen Tag und Nacht verbringen wir das Leben –
bis der Gefangene den Trümmern entfliehen kann

Abu Dhabi – Mit den Augen eines Kindes

Mohammed al-Fahim

Um 1950 war das Emirat, zu dem auch al-Ain und die Liwa-Oase gehörten, nur dünn besiedelt. Auf der Insel von Abu Dhabi hatten um die Jahrhundertwende immerhin fast sechstausend Menschen gewohnt, aber davon war in den Fünfzigerjahren kaum ein Drittel übrig geblieben, denn die Perlenfischerei war zusammengebrochen, und die Bewohner waren davongezogen.

Das raue Klima machte den Menschen das Leben schwer, vor allem im extrem heißen Sommer mit seiner hohen Luftfeuchtigkeit. Frauen und Kinder – auch meine Mutter, meine Tanten, ich selbst und meine Geschwister – zogen nach al-Ain oder Liwa, während die Männer von Mai bis September nach Perlen tauchten. Kaum jemand verbrachte das ganze Jahr in Abu Dhabi, denn dort fehlte frisches Wasser, und die Lebensbedingungen waren hart. Erst in den Sechzigerjahren wurden die ersten Geschäfte und Büros eingerichtet, die das ganze Jahr über besetzt waren.

Automobile konnte man an einer Hand abzählen, und von Straßen war ohnehin keine Rede. Bis in die späten Fünfzigerjahre besaßen nur der Scheich und einige Mitglieder der Herrscherfamilie ein Automobil – und dann war da noch der glückliche Besitzer eines »Privatautos«, das als Taxi und für

Warentransporte diente. Kein Wunder also, dass die meisten Menschen auf dem Kamelrücken reisten. Eine Karawane nach al-Ain oder Liwa war gut und gern sieben Tage unterwegs, zwanzig bis dreißig Kamele reisten jeweils zusammen, so fühlten sich die Menschen sicherer und in guter Gesellschaft. Wer in das nördliche Emirat Dubai wollte, nahm für die drei- bis viertägige Reise das Boot.

Die ständigen wie die vorübergehenden Bewohner von Abu Dhabi lebten noch immer in den Barasti-Hütten aus Palmwedeln. Nur einige wohlhabende Bürger und die Herrscherfamilie wohnten in Häusern aus Erde oder Lehm. Und natürlich residierte der Scheich im Palast. Die Hütten drängten sich aneinander, denn die Nähe bot Sicherheit und Gemeinschaftsgefühl und in den kühleren Monaten Schutz gegen die Kälte. Jeder versuchte, einen Platz zu finden, der dem Meer abgewandt war, denn so war das Haus besser gegen den kalten Winterwind und die hohe Feuchtigkeit während der anderen Monate des Jahres geschützt. Aus Palmwedeln geflochtene Matten bedeckten den Boden in den Hütten und Zelten, und im Winter wurden mit ihnen auch die Wände von außen geschützt, um den kalten Wind abzuwehren und das Innere warm zu halten. Wir kamen mit wenig aus, und was man hatte, wurde für viele Zwecke genutzt. Die gewobenen Palmmatten dienten zum Sitzen, Schlafen und als Isolation der Hütten, oft sogar als Dach. Besondere Winterkleider gab es nicht, wir hatten das ganze Jahr über das Gleiche an. In kalten Winternächten drängte sich also die ganze Familie in einer Ecke der Hütte zusammen, um sich gegenseitig warm zu halten. Im Sommer schliefen wir unter freiem Himmel, wo man zumindest die Hoffnung haben konnte, von einer kühlen Brise erfrischt zu werden. Die Häuser aus Erde oder Lehm wurden mit Windtürmen gekühlt, aber die meisten Menschen waren während drei Vierteln des Jahres der mörderischen Hitze ohne Schutz und Linderung ausgeliefert. In manchen Nächten war die Luft so feucht, dass ich mich wie in eine nasse Decke eingewickelt fühlte, und wenn ich mich auf meiner Matte hin- und herwälzte, glaubte ich, das plätschernde Geräusch von Wasser unter mir zu hören.

Der tägliche Kampf der Frauen

Während der Wintermonate in Abu Dhabi besorgten die Frauen die Hauswirtschaft. Sie kochten, hielten alles sauber und sorgten für die Kinder, während die Männer auf Fischfang waren. Die Frauen verkauften den Fang auf dem Markt, wo sie aus dem Erlös wiederum allerlei Dinge des täglichen Bedarfs, Kurzwaren und Nahrungsmittel erstanden. Auch das Wasserholen gehörte zu ihren Pflichten. In Ziegenhäuten, die sie auf dem Rücken trugen und mit um die Stirn gewickelten Lederbändern festhielten, oder in Lehmgefäßen, die sie auf dem Kopf balancierten, trugen sie das brackige Wasser von den Brunnen nach Hause. Die Gemeinschaftsbrunnen lagen etwa einen Kilometer außerhalb der Stadt und mussten fast täglich vom Sand befreit werden. Der abschüssige, schlüpfrige Boden rund um die Brunnen machte das Wasserholen gefährlich, und immer wieder fielen Menschen in den Brunnen. Die wenigen glücklichen Frauen, deren Familie einen Esel besaß, litten weniger unter der Bürde des Wasserholens, aber jene, die sich diesen Luxus nicht leisten konnten, trugen zweimal täglich die schwere Last vom Brunnen zur Hütte.

Sie sorgten aber nicht nur für den Haushalt und die Kinder, sondern kümmerten sich auch ums Vieh, einschließlich der Schafe und Kamele. Sie melkten die Tiere, fütterten die Kinder, sorgten für das Wohl der Gäste, schützten ihre Familien und kümmerten sich auch untereinander um ihr Wohlergehen.

Die Frauen standen einander sehr nahe, denn die Siedlungen waren klein, und viele der Bewohner waren durch Familienbande oder Einheiratung miteinander verwandt. Die Frauen unterstützten einander so sehr, dass eine Mutter, die nicht in der Lage war, ihr Kind zu stillen, zur Nachbarin gehen konnte, die es dann neben ihrem eigenen zur Brust nahm.

Überhaupt waren die Frauen für den Unterhalt und die Ernährung der Familie zuständig. Sie nähten die Kleider. War eine Oase nahe, kletterten sie auf die Palmen, um Datteln zu holen. Sie besorgten die Feldwirtschaft, pflügten den Boden, säten und bewässerten und brachten schließlich die Saat ihrer Mühen selbst ein. Man muss wohl nicht betonen, dass sie vom Morgengrauen bis in die Nacht an der Arbeit waren und kaum zur Ruhe kamen. Ich habe das bei meiner eigenen Mutter erlebt, es war ein ständiger Wettlauf gegen die Zeit.

Auch das Kochen auf dem Holzfeuer war kein Kinderspiel. Zuerst einmal musste genügend Brennmaterial zur Verfügung stehen, was mitten in der Wüste keine einfache Aufgabe war. Sie sammelten jedes Stückchen Treibholz, das ans Ufer geschwemmt wurde. Jedes brennbare Stückchen von den wenigen Dattelpalmen in der Gegend wurde heimgetragen. Sie kauften zudem Holz bei den Beduinen, die es aus der Wüste mitbrachten. Die Insel Abu Dhabi war damals ratzekahl, abgesehen von vereinzelten Stauden und Sträuchern, die aber als Brennmaterial nutzlos waren.

Die Nahrung war knapp, und oft schafften die Männer es nicht, ihre Familien ausreichend zu versorgen. Drum beherrschten die Frauen meisterhaft die Kunst, wenig zu verbrauchen und die Vorräte zu strecken. Reis, Fisch, Joghurt und Datteln waren die Hauptnahrungsmittel. Der Reis wurde via Dubai aus Indien importiert, der Fisch wurde im Golf gefangen, und der Joghurt stammte von der Milch unserer Ziegen und Kamele. Geflügel gab es nicht, und weil unser Vieh vor allem wegen der Milch gehalten wurde, war Fleisch eine Seltenheit. Da Milch, Früchte und Gemüse rar waren, waren wir meistens unterernährt. Diese Nahrungsmittel waren ja nicht haltbar, und importieren konnte man sie auch nicht, sie wären auf den langen Kamelreisen in der Hitze verdorben. Wenn die Zeit der Granatäpfel kam, bekamen wir hin und wieder einen, aber das war ein seltenes Festessen. Sogar der hier gefangene Fisch musste innert weniger Stunden gegessen werden. Fisch gab es nie zum Nachtessen, er wurde mittags zubereitet und gegessen. Am späten Nachmittag war er bereits nicht mehr genießbar. Jene Familien, die das ganze Jahr über in al-Ain oder Liwa wohnten, bekamen nie frischen Fisch zu Gesicht. Wenn wir über die Sommermonate ins Landesinnere zogen, nahmen wir zwar getrockneten Fisch mit, aber der war so salzig, dass wir ihn nur im Notfall aßen.

Kleidung war, obwohl von äußerster Einfachheit, Mangelware. Männer besaßen in der Regel eine einzige Kandura, die sie wieder und wieder wuschen und trugen, bis sie völlig abgenutzt war. Die Kinder gingen fast gänzlich nackt, und die Frauen besaßen eine oder zwei Kanduras, die sie meist selbst bestickten. Alle gingen barfuß, Schuhe besaßen wir nicht, sie wären ohnehin nutzlos gewesen. Das Gehen im knietiefen Sand war so beschwerlich, dass sie nach zwei, drei Schritten im Sand stecken geblieben und verloren gewesen wären.

Weil die Menschen arm waren und kaum Besitz hatten, teilten sie alles mit ihren Familien, Nachbarn und Freunden. Oft aß man gemeinsam am Nachmittag nach dem Gebet, Männer und Frauen getrennt, oft im Schatten der Moschee oder in jemandes Haus. Jeder brachte mit und teilte, was er gerade hatte – Datteln, Kaffee oder ein über dem eigenen Feuer zubereitetes Gericht. Gastfreundschaft wurde hochgehalten – wer einen Gast im Haus hatte, borgte sich im Notfall vom Nachbarn, was er brauchte, um den Besuch würdig zu bewirten.

Noch in den Fünfzigerjahren gab es weder Spital noch Schule – abgesehen von der Koranschule, die Darwisch bin Karam führte. Er war ein ganz außergewöhnlicher Mann, gleichzeitig Lehrer, Dichter, Barbier, Eheberater, Imam der Moschee und Heiler der Gemeinschaft. Ihm oblag auch die Beschneidung der Knaben. Mulla Darwisch tat zwar sein Bestes, die Jugend zu bilden und die Kranken zu pflegen, aber weder als Lehrer noch als Arzt hatte er eine Ausbildung. Beides hätten wir dringend gebraucht in Abu Dhabi.

Die große Mehrheit der Menschen konnte weder lesen noch schreiben. Die Analphabetenrate lag wohl bei etwa achtundneunzig Prozent. Wer lesen konnte, kannte nur den Koran, andere Bücher waren damals nicht verfügbar. Für die Kinder gab es nur die Unterweisung in der Koranschule. Und wenn die Jungen zwölf oder dreizehn waren, gingen sie mit ihren Vätern zum Fischfang, zum Perlentauchen, hüteten das Vieh oder mussten sich sonst für die Familie nützlich machen. Nur eine Handvoll konnte weiter lernen, sich das Schreiben aneignen oder über den Koran hinaus ein Buch lesen.

Außer der Kräutermedizin des Mulla Darwisch gab es keinerlei Heilmittel gegen jene verbreiteten Krankheiten, die man im Westen seit Jahrzehnten schon mit Medikamenten kurierte. Das erste Spital in Abu Dhabi wurde erst 1967 eröffnet. Augenkrankheiten zum Beispiel sah man auf Schritt und Tritt. Im Sommer begannen jeweils, wie aus dem Nichts entstanden, winzige Moskitos zu Tausenden zu schwärmen. Ständig wischten wir sie von unseren Gesichtern, vergeblich. Sie ließen sich auf den Augen vor allem der Kinder nieder, und die Entzündungen führten oft zur Erblindung. Die Sterblichkeit war hoch, darum waren auch die Familien viel kleiner als heute. Frauen und Kinder waren am meisten gefährdet, die Sterblichkeitsrate der Frauen lag damals bei etwa dreißig Prozent. Die Hebammen halfen, aber viele Frauen starben beim Gebären, auch meine eigene Mutter, die 1962 im Alter von dreißig Jahren starb. Jedes hohe Fieber konnte tödlich sein, denn es gab keine Medikamente. Die traditionellen Heilmittel waren ganz einfach nicht wirksam genug.

Man muss leider feststellen, dass die Briten, obwohl sie seit fast zwei Jahrhunderten an unserer Küste präsent waren, nichts taten, um das Erziehungswesen und die Gesundheitsversorgung zu verbessern. Bis 1959 rührten sie keinen Finger. Keine Schule, kein Spital, keine Moschee – für die Einheimischen hatten sie keinen Backstein übrig.

Weil vor 1960 praktisch niemand schreiben konnte, haben wir keine eigenen historischen Quellen für unsere Geschichte. Nur die Rapporte der britischen Agenten vor Ort, in denen sie ihren Vorgesetzten in Buschehr oder Bahrain Bericht erstatteten, stehen zur Verfügung. Darum wissen auch nur die wenigen Augenzeugen unter uns Bescheid über unsere eigene Sicht auf die Ereignisse jener Zeiten. Sogar Abkommen und Verträge wurden nicht ordnungsgemäß festgehalten, und oft genug wurden bei uns die wenigen Dokumente ganz einfach verlegt und gingen verloren. Weil die Menschen selbst nicht lesen und schreiben konnten, bedeuteten ihnen Bücher und offizielle Schriftstücke wenig. Also mussten sich unsere Führer auf die Aufzeichnungen der Gegenseite stützen, wenn es um Vertragsverhandlungen und Kontrollen ging. Natürlich gab es auch keine Geburts-, Heirats- und Sterberegister. Wer vor 1960 geboren ist, kann bis heute sein Geburtsdatum nur grob schätzen.

Trotz des hohen Analphabetismus, oder vielleicht gerade deswegen, hatten wir eine reiche mündliche Überlieferung. Man liebte die Poesie, die Kunst des Vortrags und der Rede stand hoch im Ansehen. In jenen Tagen vollbrachten die Menschen, ohne jede formale Bildung, beeindruckende Gedächtnisleistungen. Viele mussten ein Poem nur einmal hören und konnten es danach selbst frei rezitieren. Poesie und Geschichtenerzählen wurde auch darum so hoch geschätzt, weil es kaum andere Formen der Unterhaltung, Vergnügungen und kulturellen Aktivitäten gab. Nur an Hochzeiten begleiteten die traditionellen Trommeln meist die Lieder und Tänze.

Die lebendige Tradition des Geschichtenerzählens führte dazu, dass die Geschichte der eigenen Familie oder wichtige Ereignisse von einer Generation auf die nächste weitergegeben wurden. Leider sind inzwischen die Massenmedien Teil unserer Kultur geworden, und diese Fähigkeiten und Traditionen gehen mehr und mehr verloren. So gerät vieles von unserer eigenen Geschichte, sogar aus den letzten Jahrzehnten, auf immer in Vergessenheit.

Mit Kinderaugen die Welt sehen

Trotz all dieser Härten rund um mich herum erinnere ich mich an eine glückliche Kindheit in Abu Dhabi und al-Ain. Wie die Mehrheit meiner Altersgenossen bedrückten mich die alltäglichen Sorgen des Lebens in der Wüste und an der Küste wenig. Hinzu kam wohl auch, dass ich vielerlei Annehmlichkeiten und Privilegien genoss, auf die meine Altersgenossen verzichten mussten. Meine Eltern besaßen ein Sommerhaus in der Nähe der Oase al-Ain, aber die ersten drei oder vier Sommer meines Lebens verbrachte ich im Palast von Scheich Zayed mit ihm, seiner Frau und seinem einzigen Sohn Khalifa. Der Palast lag nicht weit von unserem Haus, aber dass ich dort lebte, entlastete meine Mutter, die sich neben uns um den ganzen Haushalt kümmern musste.

Fast alle Bewohner unseres kleinen Dorfes standen im Dienst von Scheich Zayed. Sie begleiteten ihn auf all seinen Reisen, die oft Monate dauerten. Die Frauen blieben zurück und kümmerten sich um alle Angelegenheiten des Hauses und des Dorfes. Wenn ich im Palast lebte, konnte sich meine Mutter besser um ihre unzähligen Verpflichtungen kümmern. Für Scheich Khalifa war ich zudem ein willkommener Gefährte, denn wir waren Altersgenossen. Ich erinnere mich gut, wie alle Männer des Dorfes in der Versammlungshalle zusammenkamen. Scheich Zayed leitete die Versammlung, und jeder in der Runde beteiligte sich lebhaft an den Debatten. Die Siedlung war so klein, dass jeder jeden kannte, respektierte und unterstützte. Das Dorf war wie eine große Familie. Wir Kinder nannten jeden Erwachsenen »Tante« oder »Onkel«, egal ob es sich um einen Verwandten handelte oder nicht.

Als meine Großeltern 1947 starben, wollten mein Vater und seine Brüder alles tun, um die Stellung, den Lebensstandard und das offene Haus des Großvaters auch für die Zukunft zu bewahren. Er sollte stolz sein können auf seine Kinder. In jenen Tagen war es eine Ehrensache, ein offenes Haus zu führen, viele Gäste großzügig zu empfangen und die Nachbarn zu unterstützen. Das gehörte zu den Verpflichtungen einer wohlhabenden, bedeutenden Familie. Und das Ansehen im Dorf hing auch davon ab, ob man den gewohnten Lebensstandard halten konnte. Also bemühten sich mein Vater und meine Onkel, durch eigene, harte Arbeit ihren Standard und den Respekt in der Gemeinschaft zu erhalten. Sie hatten als Bootskapitäne oder als erfolgreiche Perlentaucher gearbeitet und begannen in den anderen Jahreszeiten mit Handel, Schiffstransport und anderen Geschäften. Als die Perlentaucherei zu Ende ging, konzentrierten sie sich auf diese neuen Geschäftsfelder. So blieb unser Haus, was es schon zu Großvaters Zeiten gewesen war: ein Ort, wo die Mullahs und anderen Gebildeten des Ortes zusammenkamen, um in offener Versammlung über alle Themen und Probleme des Tages zu debattieren. Rundfunk, Fernsehen oder Zeitungen gab es ja nicht, also waren diese

Versammlungen der Ort, wo alle Informationen von Mund zu Mund weitergegeben wurden. Wer von einer Reise zurückkam, berichtete dort von den Erlebnissen in der Ferne. Wer etwas gelesen oder sonst wie erfahren hatte, teilte es hier mit den Versammelten. Hier war ein Forum der Konversation, des Lernens, der Entscheidungsfindung und der Geselligkeit, das in jenen Tagen allen Männern offenstand.

An viele der Männer aus jenen Tagen erinnere ich mich mit Respekt. Alle lebten damals in einfachsten Verhältnissen, arbeiteten hart, um ihre Familien durchzubringen und ihren Kindern eine ordentliche Erziehung zu ermöglichen. Viele von ihnen leben heute noch. Sie oder ihre Söhne sind angesehene Bürger geworden oder bekleiden nun wichtige Funktionen in der Regierung von Abu Dhabi oder der Vereinigten Emirate.

Das andere Gesicht

Ali Abu al-Reesh

Mein Gesicht ist nicht wie andere. Mein Herz ... Blut rauscht durch meine Adern. So fühle ich mich, wenn ich am Strand stehe. Ich beobachte die Arme des Fischers, während er die Seile des Fischerboots zu sich zieht. Dunkel sind sie, mit hervortretenden Adern. Das Meer hat Furchen auf seiner Stirn hinterlassen. Ich sagte mir: »Du musst schreiben!« Für diese Leute zu schreiben ist etwas Reelles. Ich erinnerte mich an die Worte meiner Mutter: »Aus dir wird mal etwas ganz Besonderes, Khalil. Die Zukunft gehört dir. So sagt es mein Herz, und das lügt nie.« Das Herz der Mutter ist ein Buch, das die Geheimnisse ihrer Kinder in sich birgt. Ich rannte, wie ein Blitz rannte ich. Mein behindertes Bein flog wie ein Rad, das starker Wind vorwärtstreibt. Ich ging in mein Arbeitszimmer, Papier und Stift brauchte ich nicht zu suchen, alles war vorbereitet, als wäre es mit dem Thema des neuen Artikels verabredet. Ich setzte mich hin, ohne meine Mutter um die gewohnte Tasse Kaffee zu bitten. Ich hatte Angst, das Thema würde mir entfliehen, während ich ihren Klagen zuhörte. Ich begann zu schreiben. Der Fischer ist der Einzige, der richtig schuftet. Sein tägliches Brot entreißt er einem riesigen, unbeugsamen Rachen. Dem widerspenstigen Meer tritt ein ebenso widerspenstiger Fischer entgegen. Auf einmal fühlte ich einen Stich im Herzen, und wieder erinnerte ich mich an die Worte meiner Mutter: »Aus dir wird mal etwas ganz Besonderes.« Vielleicht wird der Artikel ja gar nicht veröffentlicht, in der Schublade vergessen oder in den Müll geworfen. Vielleicht würde ich mich mit ihm blamieren. Das Schreiben über das Selbstverständliche beunruhigt die Menschen. Ich dachte wieder nach, tauchte mit dem Fischer, zog mit ihm an den Seilen. Meine zarte Hand packte kraftvoll den Stift. Das Blatt rutschte beinahe unter meiner Hand weg, aber ich hielt es fest. Ich forderte es auf, sich mit mir zu verbünden. Es war der richtige Augenblick, sich zu verausgaben. Der Fischer verausgabt sich oft, er erträgt viele Strapazen. Alles, was ich habe, verdanke ich seiner Arbeit, dem Schweiß seiner Stirn und den Furchen seiner Hände. So entfaltete sich der Artikel in meinen Händen und wuchs. Zwei Seiten hatte ich schon geschrieben, mit der dritten angefangen. Ich hielt ein wenig inne, dann schrieb ich weiter. Ich quetschte förmlich mein Gehirn aus, vermischte den Schweiß mit Blut. Der Fischer muss oft schwitzen. Den Schweiß wischt er sich mit Salz ab. Einen Teil leckt er ab, den Rest spuckt er auf die ausgetrockneten Muscheln. Wieder erinnerte ich mich an die Worte meiner Mutter: »Aus dir wird mal etwas ganz Besonderes.« Ja, diejenigen, die über die Erschöpften schreiben, verdienen den großen Ruhm. Die Erschöpften schuften, damit es uns gut geht, ebnen unserem Leben den Weg. Das ist es, was meine Mutter gemeint hatte. Jedenfalls glaube ich, sie meinte es so. Was hätte sie sonst meinen sollen? Die Größe der Männer liegt in ihren unsterblichen Werken. Endlich schloss ich den Artikel ab. Dann setzte ich mich aufrecht hin und atmete erleichtert auf. Ich bat um eine Tasse Kaffee. Meine Mutter lief herbei, stellte die Tasse hin und stand vor mir. Ihr hübsches Lächeln beruhigt mich immer sehr. Es macht mir große Freude, wenn sie mich mit ihren liebevollen Augen anschaut. Hinter jedem erfolgreichen Mann steht eine Frau. Und meine Mutter wünscht sich sehr, dass ich erfolgreich werde. Deshalb steht sie mir in solchen guten Sachen bei. Einen Artikel zu schreiben, der voller Menschlichkeit ist, ist eine gute Sache, über das Leiden der anderen zu schreiben ist eine gute Sache, echte Anteilnahme ist eine gute Sache. Ich verabschiedete mich von meiner Mutter, verließ das Haus und machte mich auf den Weg zum Büro der Zeitung. Dort traf ich den Chefredakteur, erklärte ihm die Angelegenheit und zeigte ihm den Artikel. Er las ihn flüchtig und schüttelte den Kopf. Ich war angespannt und nervös und wartete sehr besorgt auf seine Antwort. Er blickte mir ins Gesicht, lächelte und zeigte mit dem Finger auf einen Satz im Artikel. Dann sagte er ruhig: »Dieser Satz passt nicht zum Inhalt des Artikels.« Ich erwiderte verwundert: »Meinen Sie, er enthält einen sprachlichen Fehler?« Er schüttelte den Kopf: »Das meine ich nicht.« Da nickte ich: »Ich verstehe. Ich verstehe. Wenn Sie meinen, dann lasse ich den Satz weg. Hauptsache, der Artikel wird veröffentlicht. Der Text verliert damit durchaus nicht an Bedeutung. Hauptsache, die Leser erreicht etwas von dem, was ich sagen will. Morgen lesen sie etwas, was sie nicht gewohnt sind. Der Artikel bewegt zur Aufruhr, hetzt indirekt auf. Die Leser sollen zwischen den Zeilen lesen, wichtig für sie sind die indirekten, tiefsinnigen Worte.« Ich freute mich. Ich freute mich sehr. Auf dem Weg nach Hause sagte ich die Worte meiner Mutter vor mich hin und dankte dem Chef für sein Entgegenkommen. Dann fiel mir ein Satz ein, den ich im Artikel nicht erwähnt hatte. Wenn ich den schreiben würde, würde er einen großen Eindruck bei den Lesern hinterlassen. Ich überlegte, ins Büro zurückzukehren und den Artikel zu ergänzen. Ich schüttelte den Kopf. Nein, das war nicht notwendig. Die Leute sind intelligent genug und werden den Sinn des Geschriebenen verstehen. Ich lief weiter, und die Sätze des Artikels perlten mir durch den Kopf wie Quecksilberkugeln: der Fischer, die Seile, das Fischerboot, das Rauschen des Meeres, das die Haare am Bein des Fischers streichelt, die ausgetrockneten Muscheln, die Worte meiner Mutter … Aus mir würde etwas ganz Besonderes werden. Ich war glücklich. In der Nähe des Hauses traf ich unseren Nachbarn. Ich grüßte ihn, und wir standen für eine Weile zusammen. Er fragte mich, wie es mir und meiner Arbeit gehe. Ich sähe müde aus. Ich fragte zurück, wie es ihm gesundheitlich gehe und ob es etwas Neues gäbe. In diesem Moment fiel mir eine Tüte in seiner Hand auf. Es roch schön nach Brot, und ich war hungrig. Ich warf einen Blick in die Tüte, dort lagen ein paar Fladenbrote, eingewickelt in Papier. Das Papier war nicht weiß. Die Druckerschwärze hatte das Brot bereits etwas schwarz gefärbt. Es war Zeitungspapier. In diesem Moment erinnerte ich mich an die Worte meiner Mutter … Aus mir wird nichts …

Die Alte

Mariam al-Saadi

Sie nennen sie die Alte. Ihre Kinder und auch die anderen. Sie ist eine altmodische Frau. So eine von früher. Ihre Kleider riechen nach ihren Schafen und dem Rost ihrer alten Truhe. Nie hatte sie daran gedacht, sich für den Tag zurechtzumachen. Sie hatte nie verstanden, warum sie anständig aussehen musste. Sie glaubte nicht, dass ihr Aussehen unpassend war.

Genau genommen war es ihr völlig gleichgültig, wie sie aussah. Sie gehörte zu jenen Frauen, die viele Kinder gebären. Jenen Frauen, die es den Männern nicht erlaubten, ihr Gesicht zu sehen, da dies als schamlos galt. Jenen Frauen, die ihre Männer noch nicht einmal beim Namen nennen, sondern nur »der Mann« sagen, denn er ist nun mal der Mann und fertig. Sie gehörte zu jenen Frauen, die sich nie als eigenständige Personen angesehen hätten, sondern nur als Ehefrauen und Mütter von irgendjemandem oder Hüterin einer bestimmten Schafherde. Das abgeschiedene Leben in der Wüste war sie gewohnt. Wüste, Sand und Durst, so weit der Horizont reichte.

Im Zelt ihre Söhne, und vor Sonnenuntergang musste sie mit dem Melken der Schafe fertig sein. Das Brot war gemischt mit der Asche des Feuers. Es war die köstlichste Mahlzeit nach einem heißen, beschwerlichen und immer wiederkehrenden

Tag. Nein … beschwerlich war er nicht. Es war ein Tag. Es war nur ein Tag. Er wiederholte sich nicht. Einfach nur ein Tag. Sie kannte es nicht anders, so mussten die Tage sein. Ihre Schafe waren ihre Töchter und die Böcke ihre Söhne. Sie kannte ihre Namen … ihre Farbe … ihre Gestalt. Sie bedeuteten ihr mehr als ihre eigenen Kinder.

In jenen Tagen war sie »die Frau«, ihren Namen kannte man nicht. Ihre Kinder wurden auf ihren Namen erst aufmerksam, als sie ihre Todesurkunde ausstellen ließen. Die Beziehung mit dem »Mann« nahm sie hin, wie sie war. Alle Beziehungen waren so. Sie stritten sich viel. Wegen ihrer Schafe und seiner Schafe. Aber am Ende war er »der Mann« und sie »die Frau«, und sie brauchten einander. Es war, wie es war.

Als die Jungen größer wurden, wurde sie als »die Alte« bekannt. »Der Alte« war vor einiger Zeit gestorben, weshalb sie von nun an bei einem ihrer Söhne leben sollte. Die Söhne wurden größer. Sehr groß. Und da sie so groß geworden waren, erkannte »die Alte« ihre Kinder nicht mehr.

Der Älteste hatte einen hohen Rang in der Armee, der Zweitälteste einen noch höheren Posten bei der Polizei. Der dritte Sohn hatte eine angesehene Stelle in einer Regierungseinrichtung, und der nächste war Professor an der Universität. Der Jüngste war zum Studium ins Ausland gegangen und bisher noch nicht zurückgekehrt. Die Töchter wohnten in großen Häusern.

Die Alte jedoch weigerte sich, ihr Zelt zu verlassen. Die Leute warfen den Söhnen vor, sie würden die Alte vernachlässigen. Es war diesen unangenehm, wenn sie auf ihre Mutter angesprochen wurden, denn die Fehler und die Schmach der Alten fielen ja auf sie zurück.

Die Söhne bestanden darauf, dass sie zu ihnen zog. Sie lockten sie mit kaltem Wasser. Mit klimatisierten Zimmern und einem weichen Bett. Und damit, dass sie sie für die Jahre der Entbehrung entschädigen würden. Mit den Enkelkindern, die sich um sie scharen würden. Sie versprachen ihr, dass sie ihre Schafe jede Woche besuchen könne. Und schließlich gab sie nach.

Im Haus des großen Sohnes. Das Zimmer war kalt. Das Bett war kalt. Das Haus war kalt. Die Familie war kalt. Sie vergaß, dass sie eine Stimme hatte. Es gab keine Schafe mehr, die mit ihr sprachen. Sie wusste nicht, wie ihre Enkelkinder aussahen, da sie noch nicht aus der Schule zurückgekehrt waren. Sie verwechselte das Dienstmädchen mit ihrer Schwiegertochter und wunderte sich, dass es kein Arabisch verstand.

Als es immer kälter wurde, wollte sie zu ihrem anderen Sohn ziehen. Von diesem dann zum anderen, zum nächsten und dann zu ihren Töchtern. Sie zog zwischen ihnen umher. Alle ihre Häuser waren kalt. Sie wollte zu ihren Schafen zurück, aber diese waren eines nach dem anderen gestorben. Sie hatte sie nicht gesehen. Weder einmal die Woche noch einmal im Monat noch einmal im Jahr. Eine der Alten hatte ihr bei einem flüchtigen Besuch berichtet, dass ihre Schafe verendet seien. Natürlich glaubte sie ihr nicht. Sie beschuldigte sie, die Schafe gestohlen zu haben. Sie wollte sich selbst davon überzeugen und ging hinaus auf die Straße, um zu ihrem Zelt zurückzukehren. Zu ihren geliebten Schafen. Das bräunliche Schaf war kurz davor zu werfen. Sie wollte wissen, was es wird. Junge oder Mädchen? Oder vielleicht Zwillinge? Bräunlich oder schwarz … oder vielleicht weiß? Vielleicht ja auch etwas von diesem und jenem. Sie musste sie unbedingt sehen, denn den kleinen Lämmern könnte ja vielleicht etwas zustoßen, und die großen Schafe brauchten Zuwendung. Schließlich war sie ja einige Zeit weit weg gewesen. Sie hatte nichts mitbekommen. Sie musste zurückkehren. Sie zog ihre verblasste leichte Abaya an. Sie wollte zu ihren Schafen zurück. Mitten im Gedränge der Straße wurde sie von der Nachbarin ihrer Tochter erkannt. Diese brachte sie zum Haus der Tochter zurück. »Sie stand mitten auf der Straße, wie eine Feder im Wind.« Die Kinder der Nachbarin brachen in Gelächter aus und riefen: »Sie war wie eine Besenhexe! Sie hat schrecklich ausgesehen!« Ihre fromme Schwiegertochter betrachtete ihr zerlumptes Kleid und ihre abgenutzte Abaya und jammerte: »Oh Gott! Man kann die Haut deiner Mutter sehen. Und sie schämt sich nicht einmal!« Jeder hatte etwas dazu zu sagen. »Du hast uns vor den Leuten blamiert. Möge Gott dir den richtigen Weg zeigen!«, schimpften sie schließlich gemeinsam auf sie ein. Die Alte kehrte in ihr kaltes Zimmer im hinteren Teil des Hauses zurück. Die Schwiegertochter brachte ihr neue Kleider. Der Sohn brachte ihr neue Pantoffeln. Die Tochter brachte ihr neue Abayas und Schals. Die andere Schwiegertochter brachte ihr Parfum und neue Schleier. Dem Dienstmädchen wurde aufgetragen, ihr ein heißes Mahl zuzubereiten, ihr Bett frisch zu beziehen und Räucherstäbchen in ihrem Zimmer anzuzünden. Sie gaben ihr den besten Honig zu essen. Sie bekam ein eigenes Dienstmädchen, das sie bediente … und über sie wachte. Doch die Alte warf alles in den nächsten Mülleimer, nahm sich ihr zerlumptes Kleid und die löchrigen Pantoffeln, um sie zu flicken. Sie legte die abgetragene Abaya in ihre alte Truhe zurück, die nach Rost, ihren Schafen, ihrem Mann und ihrem alten Zelt roch.

Die Leute konnten bezeugen, dass die großen Söhne ihre Alte nicht vernachlässigten. Der Alten war aber einfach nicht zu helfen. Als die Leute mitbekamen, wie undankbar sie war, beruhigten sich die Kinder, denn sie hatten jetzt ein reines Gewissen. Die Alte zog sich zurück in ihr Zimmer und verließ es nicht mehr. Niemand außer ihrem Dienstmädchen durfte zu ihr kommen. Dieses brachte ihr Essen, das die Alte jedoch nie anrührte, denn sie wollte das Essen nicht, das die Söhne ihr bringen ließen. »Die alte Hexe! Möge Gott ihren Kindern die Kraft geben, sie zu ertragen!«

In einem lichten Moment beim Mittagessen kam der Sohn plötzlich auf die Idee, das Dienstmädchen doch einmal zu fragen, was die Alte denn eigentlich esse. »Sie isst getrockneten Joghurt und Brot, die sie in ihrer Kiste aufbewahrt.« Der Sohn schüttelte verwundert den Kopf und aß weiter. Die Ehefrau flehte Gott an, sie nicht zu so einer unheilvollen Alten werden zu lassen, die ihre Kinder quält und sie vor den Leuten bloßstellt.

Das Dienstmädchen weigerte sich, bei der Alten zu schlafen. Sie würde die ganze Zeit reden. Selbst im Schlaf. Sie würde viel erzählen. Sie riefe nach ihren Schafen. Sie streite sich mit ihrem »Alten«. Sie rufe die Jungs, damit sie vor Sonnenuntergang zum Zelt zurückkehrten.

Die Alte starb. Und alles war vorbereitet. Das Zelt für die Trauerfeier war vom Feinsten. Viele Leute waren anwesend. Freunde ihrer Kinder in hohen Positionen, ihre Nachbarn und Arbeitskollegen. Nachbarinnen, Freundinnen, Freundinnen der Enkelinnen und Freunde der Enkel, die dann doch noch aus der Schule zurückgekehrt waren. Selbst der ausgewanderte Sohn. Dieser war zurückgekehrt, um mit seinen Brüdern die Trauergäste zu empfangen. »Denn sonst würden die Leute darüber tratschen, warum er denn nicht zur Trauerfeier seiner Mutter gekommen sei.« Alles war nun in bester Ordnung. Es gab kein Getratsche. Und die Alte wurde standesgemäß begraben.

Leicht wie ein Ballon

Ibtisam al-Mu'alla

Als sie das erste Mal zum Flughafen fuhr, kam es ihr vor, als hätte sie nie zuvor geatmet, und die vielfältigen Gefühle, die sich auf den Gesichtern der Menschenmassen abzeichneten, machten sie sprachlos.

Sie betrachtete die Menschen in feierlichem Schweigen und vergaß dabei die Anwesenheit Umm Saids an ihrer Seite. Vergeblich versuchte sie, der Tränen Herr zu werden, die in ihr aufstiegen.

Hätte sie gewusst, dass ihr diese erste Fahrt zum Flughafen mit Umm Said so viel Freude und Genuss bringen würde und dass daraus in den folgenden Tagen eine neue Gewohnheit entstehen würde, die es vermochte, ihren Hunger nach Leben zu stillen, dann hätte sie sich von ihrer alten Nachbarin nicht so sehr bitten lassen, sie zu begleiten. Umm Said wollte ihren Sohn in Empfang nehmen, der mit seiner Ehefrau aus den Flitterwochen zurückkehrte.

Es war ihr schwergefallen, das Haus zu verlassen. Damit durchbrach sie ihre Zurückgezogenheit, die sie sich seit dem Tod ihres Gatten selbst auferlegt hatte.

Schon vor der Eingangstür zu stehen, war zu einem Luxus geworden, den weder ihre Stimmung noch ihre geschwollenen Beine ertragen konnten. Sie begnügte sich damit, die meiste Zeit des Tages in den Fernseher zu starren und dann und wann ihre alten Nachbarinnen zu empfangen. Hin und wieder kam der indische Taxifahrer vorbei, wenn er auf ihr Geheiß die Straßen durchkreuzt hatte, um für sie Besorgungen zu erledigen. Die Kosten für die Einkäufe zog er von seiner Hälfte der Miete ab, die sie sich teilten.

An jenem Abend, an dem sie vom Flughafen zurückgekehrt war, sah sie die vielen Gesichter wie Flammen in allen Ecken ihres Hauses tänzeln und vor ihren Augen züngeln.

Sie wartete eine volle Woche ab, bevor sie den Taxifahrer bat, sie erneut zum Flughafen zu bringen.

Kurz bevor sie ankamen, fragte er sie: »Zum Ankunfts- oder Abflugterminal?«

Sie zauderte. Die Frage war schwierig, fand sie, und sie konnte sie nicht gleich beantworten.

Dann erwiderte sie: »Setzen Sie mich einfach hier ab, das ist gut«, und er ließ sie unmittelbar vor dem großen Gebäude aussteigen.

Die Glastür, auf die sie zuging, öffnete sich von alleine, als sie sie erreichte. Sie trat ein und stand wie eine Fremde inmitten kleiner, sich hin- und herbewegender Menschengruppen. Alle waren damit beschäftigt, voneinander Abschied zu nehmen. Die Sprachen und Dialekte vermischten sich, und sie verspürte beim Hören eine ungewohnte Vertrautheit. Die Nasen der Frauen waren rot und die Koffer der Männer schwer. Der Abschied lauerte allen auf wie ein geschickter Jäger, und dieses Empfinden ließ sie zwei Schritte zurücktreten.

In einer weit entfernten Ecke bemerkte sie einen jungen Polizisten, der sie zu beobachten schien. Sie bedeckte ihr Gesicht mit einem Zipfel ihrer Abaya und zog sich in sich selbst zurück.

Immer, wenn sie einen Sicherheitsbeamten sah, erinnerte sie sich an ihren Sohn Mohammed, und ebendieser junge

Mann ähnelte ihm sehr. Er hatte genauso eine schmale Gestalt wie ihr Sohn und war auch so groß wie er. Nur sah er auf die Distanz etwas jünger aus – vielleicht Ende zwanzig. Bei der bloßen Erinnerung an Mohammed spürte sie Nadelstiche in der Brust. Sie versuchte, sich immer wieder selbst davon zu überzeugen, dass er sich nicht freiwillig dem Ort seiner Kindheit, seinen Freunden und der Nähe seiner Mutter entzog, sondern dass ihn seine Arbeitsstelle in die Hauptstadt entführt hatte. So sah sie ihn oft mehrere Wochen lang nicht.

Das letzte Mal hatte sie ihn und seine Frau vor dem Tod seines Vaters besucht. Ihr Mann und sie fuhren gemeinsam auf Mohammeds Drängen zu ihnen und blieben über das Wochenende dort. In dieser Zeit nahm er sie mit seinem Auto mit zur Corniche, bummelte mit ihnen durch Einkaufszentren und zeigte ihnen die Straßen in der Umgebung seines Hauses. Am Tag ihrer Heimreise hörte sie frühmorgens auf dem Weg ins Badezimmer ihre Schwiegertochter, hinter der Zimmertür verborgen, zu Mohammed sagen: »Ich kann nicht glauben, dass du deiner Mutter zugesagt hast, wir würden das Baby nach ihr benennen. Selbst wenn das der letzte Name auf Erden wäre, dann wäre es besser, unsere Tochter würde namenlos bleiben!«

Dann hörte sie Mohammeds Stimme: »Ich wollte ihr einen Gefallen tun. Sie ist eine alte Frau, und ich bin ihr einziger Sohn. Sei doch nicht so hart.«

Die Worte klangen laut wie das Klingeln einer Glocke in ihren Ohren. Als sie einige Wochen nach dem Vorfall mit ihrem Sohn alleine war, sagte sie ihm, dass sie sich für seine Tochter einen schönen Namen wünschen würde, auf den ein Mädchen stolz sein könne, wenn sie mit ihren Spielgefährtinnen zusammen ist. Und sie habe sich überlegt, dass ihr altmodischer Name nicht angemessen für »ein Mädchen von heute« sei. Sie sah gleich, dass ihn eine große Erleichterung überkam. Ein

Monat verging, dann bekamen sie Besuch von Mohammed und seiner Frau. Die jungen Leute erwiesen den Großeltern die Gunst, ihre Neugeborene zu küssen. Sie hatten ihr den Namen »Ruwa« gegeben. Mohammed erklärte seinen Eltern die Bedeutung des Namens, und er gefiel ihr gut. Sie glaubte selbst, dass er viel schöner war als ihr altmodischer Name, der aus einer Epoche stammte, die immer die gleichen, sich wiederholenden Namen kannte, die von den Vätern an ihre Söhne und von den Müttern an ihre Töchter weitergegeben wurden.

Nach der Geburt seiner Tochter nahmen die Besuche Mohammeds ab, bis sie spärlich fallenden Regentropfen ähnelten, und die Rubrik seiner Entschuldigungen dehnte sich aus. Schließlich begann sie, ihn zu bitten, sie anzurufen, um wenigstens seine Stimme hören zu können, wenn ihm der lange Weg zu beschwerlich war.

Drei Enkel kamen nach Ruwa zur Welt, fern von ihren Augen. Sie hörte ihre ersten Schreie nicht, sie sah ihre ersten Schritte nicht, und als sie sie besuchen kamen, schalt Mohammed seinen jüngsten Sohn, weil er seine Oma einfach bei ihrem Vornamen rief.

Nach dem Tod von Mohammeds Vater wurde es still im Haus. Nur das Geschrei des Hahns, das dem Morgengebetsruf vorausging, störte sie und die Nachbarn, bis Jagd auf ihn gemacht wurde und seine Stimme für immer verstummte. Selbst von ihren alten Nachbarn blieb im Lauf der Jahre keiner übrig. Sie zogen fort und ließen ihre kleinen Häuser zur Vermietung zurück. Sie fühlte sich von Fremden umgeben, die auf sie herabblickten. Jedes Mal, wenn sie von ihrer Haustür aus die Straße entlangschaute, fühlte sie sich wie eine alte Rarität, die die neuen Anwohner aus der Ferne in Augenschein nahmen.

Wären da nicht die Besuche von Umm Said und einiger anderer, die sich ihrer alten Nachbarin erinnerten, dann gäbe es vielleicht niemanden, mit dem sie sprechen könnte.

Und nun gab es da den Flughafen, der ihr Raum für Gefühle bot, die sie vorher nie bei sich entdeckt hatte. Trotz der Fremdheit, die sie beim Eintreten in diese besondere Welt empfunden hatte, spürte sie eine angenehme Wärme, wenn sie die Reisenden und ihre Verwandten beim Abschiednehmen beobachtete und den Kleinen zusah, die wie bunte Blasen herumwuselten. Mit an zusehen, wie eine der Mütter zusammenbrach, nachdem ihr Sohn ihr den Rücken zugewandt hatte, erschütterte sie. Selbst für sie waren diese Abschiede schwer zu ertragen. Sie verbarg ihr Gesicht hinter ihrer Abaya und weinte so voller Inbrunst, wie sie es seit dem Tag, an dem sie Mohammeds Frau hinter der Tür über sie sprechen hörte, nicht mehr getan hatte.

Mehr als zwei Stunden verweilte sie in der Flughafenhalle. Die Kraft, die ihr die zahlreichen Szenen vor ihren Augen verliehen, erinnerte sie an die, die Mohammeds Hochzeit und sein Fortgehen in ihr hervorgerufen hatten, und das war lange her.

Als sie aus dem Gebäude hinaus ins Freie trat, fühlte sie ihr Leben bereichert und mit einer vorher nicht vorhandenen Bedeutung bekleidet. Die Welt erschien ihr weiter, und sie öffnete ihr Dutzende von Türen, die ihr altes, ungepflegtes Viertel verschlossen gehalten hatte. In diesem Viertel herrschte ein Egoismus, der sie und ihr Haus vor Scham hatte dumpf werden lassen. Gedemütigt blieb sie dem Glanz der neuen Stadtteile und der Stadt selbst fern – der Stadt, die ihre Gebäude hochzog und ihre Straßen ausbreitete, die ihr langes Haar kämmte und ihr bleiches Gesicht färbte. Die Stadt, die sich so sehr an ihrem eigenen neuen Funkeln berauschte, dass sie zu ihren alten Wegen und Hintergassen keine Verbindung mehr suchte.

Nach Hause zurückgekehrt, setzte sie sich hin, um über die beiden am Flughafen verbrachten Stunden nachzudenken. Sie waren schöner und länger gewesen als beim ersten Mal und hatten ihr völlige Freiheit bei der Betrachtung der bunten Menschenmenge geschenkt. So hatte sie eine große Ähnlichkeit in einigen kleinen Dingen erkannt und auch eine gewisse Vertrautheit zwischen ihr und den Fremden gespürt. Sie beschloss, die Flughafenbesuche zu einer wöchentlichen Gewohnheit zu machen, und warnte den Taxifahrer davor, irgendetwas zu verraten, sollte er zu ihr kommen und zufällig eine ihrer Freundinnen bei ihr vorfinden. Der Fahrer schüttelte seinen Kopf und verbarg seine Neugier in der Tasche, zusammen mit dem Geld, das er während des Tages verdient hatte.

In der vierten Woche sah sie den jungen Polizisten wieder. Er stand mit seinem Kollegen etwas abseits, und sie blickten beide in ihre Richtung. Sie verbarg sich vor ihren Blicken hinter der Menschenmenge, trug jedoch die einzige schwarze Abaya, die sich in das Gedränge der vielfarbigen Gewänder am Eingangsportal gemischt hatte, und war so leicht zu erkennen. Wie die anderen reckte sie ihren Hals, obwohl sie nicht nach einem ihr bekannten Gesicht hinter dem Glas suchte. Und genau wie bei allen um sie herum trat auch ihr Schweiß auf die Stirn, der von der Erwartung herrührte. Sie sah die Menschen winken und die Arme weit ausbreiten und spürte fast, wie umarmt und an die Brust gedrückt und gestreichelt wurde.

Sie stellte sich neben eine indische Familie, die gekommen war, um Verwandte in Empfang zu nehmen. Es schien, als würden sie einen besonderen Festtag begehen: Alle trugen Kleidung in Regenbogenfarben, und ein durchdringender Parfümgeruch erfüllte die Luft. Die Aufregung der Familie erreichte ihren Höhepunkt, als eine alte Frau mit langem weißen Haar in Begleitung eines großen Mannes erschien. Auf ihrem Gesicht lag ein glückliches Lächeln, das die Freude darüber ausdrückte, endlich die vertrauten und lange vermissten Angehörigen wiederzusehen.

In der Menge erblickte sie ein hübsches, dickliches Mädchen, das sie an die Tochter einer ihrer ehemaligen Nachbarinnen erinnerte. Sie sah ihr nicht sehr ähnlich, hatte aber genau die gleiche pummelige Gestalt. Im ersten Moment kam ihr der Name der Nachbarstochter nicht in den Sinn, aber er fiel ihr wieder ein, als sie sich an das mit Wasserfarben gemalte Bild erinnerte, das in ihrem Haus hing. Es zeigte Vater, Mutter und zwei gleichaltrige Kinder – einen Jungen und ein Mädchen –, und hinter ihnen strahlte eine große, orangefarbene Sonne.

Mariam – so hatte das arme Mädchen geheißen!

Wie konnten die Jahre vergehen, ohne dass sie sich an sie erinnerte?

Sie wiederholte den Namen ein zweites Mal, verfolgte die Bewegungen des üppigen Mädchens und verglich sie mit ihren Erinnerungen an Mariam, die jetzt zweifellos herangewachsen war und deren rundes Gesicht sicherlich an Schönheit gewonnen hatte.

Sie vergisst diesen Tag nicht, an dem Mariam, gerade eine oder zwei Wochen alt, in das Leben ihrer Nachbarn Amina und Saif trat, das nach drei kinderlosen Ehejahren stumm wie der Tod geworden war.

Man erzählte sich, dass das Mädchen an der Pforte eines Krankenhauses aufgefunden worden sei und dass Saif große Anstrengungen unternommen hatte, um mithilfe einiger seiner Freunde vom Krankenhaus und der Polizei zu bewirken, dass er und seine Frau Mariam an Kindes statt annehmen konnten.

Sobald Mariam in das triste Leben des Ehepaars getreten war, gewann dieses zusehends an Fülle. Amina verwandelte sich von einer blassen, schwermütigen Frau, die auf die Kinder der anderen voller Begehrlichkeit und Neid blickte, zu einer Mutter, für die nichts mehr außer Mariam zählte.

Vergeblich versuchten alle, die sie liebten, ihr zu raten, es mit dem Umsorgen des Mädchens nicht zu übertreiben.

Von allen Seiten wurde ihr empfohlen, das Kind nicht wie einen zerbrechlichen Glastropfen zu behandeln, oder zu versuchen, eine kleine Königin aus ihr zu machen. Aber Amina ließ das Gehörte in das eine Ohr hinein und, ohne darüber nachzudenken, zum anderen wieder hinaus.

Es war Mariam nicht erlaubt, mit den Nachbarskindern zu spielen, und es war ihr nicht erlaubt, weiter als bis zur Türschwelle zu gehen. Es war ihr nicht erlaubt, in der Anwesenheit von Gästen zu sprechen, und auch nicht, ihre Kleidung schmutzig zu machen. Genauso wenig durfte sie zur nahe gelegenen Schule gehen, ohne dass die Hand ihres Vaters sie führte.

Sie würde nie den Morgen des Feiertages vergessen, an dem sie Mariam an der Türschwelle ihres Hauses hatte stehen sehen, in einem roten Kleid, das dem einer Puppe glich. Ihre großen Augen folgten den anderen Kindern in ihren bunten Kleidern, die von Haus zu Haus zogen und an die Türen pochten, um eine Festtagsgabe zu erbitten. Hätte Abu Mohammed sie nicht daran gehindert, dann hätte sie es vermocht, in den Rücken des Mädchens Flügel zu pflanzen und mit ihr an Orte zu fliegen, über die Amina nicht herrschen konnte. Aber weil sie dem Mädchen auf diese Weise nicht zu helfen vermochte, nahm sie aus der Tasche ihres geblümten Kleides ein kleines Fläschchen Aloeöl, das ihr eine ihrer Freundinnen aus Indien mitgebracht hatte. Sie parfümierte sich nicht täglich damit, es blieb den Festtagen vorbehalten, um ihr einen angenehmen Duft zu verleihen. Mit dem Parfümflakon ging sie zu der Kleinen, die nicht wagte, die Türschwelle zu übertreten.

Sie flüsterte ihr zu: »Dies ist deine Festtagsgabe. Steck sie dir zwischen deine Kleider. Sie ist wertvoller als das Geld, das die anderen Kinder bekommen, denn das Geld ist schnell wieder ausgegeben, aber der Duft des Parfüms hält lange, lange an.«

Das Mädchen strahlte. Aber sie zögerte ein wenig und wandte sich um, bevor sie Mut fasste. Dann streckte sie doch die Hand aus, nahm das Fläschchen an sich und verschwand im Haus, um wenig später mit einem großen Zeichenblatt zurückzukommen. Darauf war mit hellen Farben eine vierköpfige Familie neben einem Baum stehend gemalt, mit einer Sonne im Hintergrund, die so groß war, dass sie die Hälfte der Zeichnung einnahm.

Sie nahm das Bild entgegen und hängte es in ihrem Haus auf. Aber jedes Mal, wenn sie es betrachtete, stellte sie sich die gleiche Frage: Woher hatte Mariam bloß den Jungen genommen, der auf der Zeichnung war?

Einige Tage nach dem Festtag geschah das, was Amina befürchtet hatte. Die Kleine hörte von einem der älteren Mädchen, die sich dadurch provoziert fühlten, dass Mariam immer an der Türschwelle stand, anstatt an ihren Spielen teilzunehmen, dass sie nicht Aminas wahre Tochter sei. Sie erklärte Mariam, dass alle gewusst hätten, dass Amina keine Kinder hätte bekommen können, und dass sie, Mariam, in Windeln an der Pforte eines Krankenhauses gefunden und in Aminas und Saifs Haus gebracht worden wäre. Später stürzte Amina wie eine Verrückte aus dem Haus und klopfte aufgebracht an die Türen der Nachbarn, weil sie nach Mariam suchte, von der im Haus keine Spur zu finden war. Sie suchte hysterisch nach ihr, schrie und wehklagte und bemerkte in ihrem Schmerz nicht, dass sie mit unbedecktem Haar das Haus verlassen hatte und sich so vor den Männern zeigte. Diese hatten sich zusammengetan, durchstöberten den Ort und suchten laut rufend nach dem Kind. Nach langen, erschöpfenden Stunden, in denen Amina sich in einen müden Körper verwandelt hatte, der nicht mehr in der Lage war, sich zu erheben, rief Saif vom Dach ihres Hauses, dass er seine Tochter gefunden habe. Sie war nach langem Weinen in einer Dachkammer eingeschlafen, einem Raum, in dem alte Möbel abgestellt worden waren und den man daraufhin vergessen hatte. Wenige Wochen nach diesem Vorfall zogen Amina, ihr Ehemann und Mariam in ein anderes Viertel, möglicherweise um den jüngsten Erinnerungen zu entfliehen. Keiner wusste, was Amina dem Mädchen erzählt hatte oder wie sie ihren Fragen entgegengetreten war, denn niemand hatte es gewagt, ihr diese Frage zu stellen. Die Nachbarn waren nicht besonders traurig über ihren Umzug, aber in den Augen aller blieb Mariam ein armes Mädchen.

Das pummelige Mädchen vom Flughafen näherte sich ihr. Sie hatte es mit einem Lächeln gelockt und in ihm den Wunsch geweckt, ihr den großen Ballon zu bringen, der mit einem Faden um ihre Finger gewickelt war. Aber die Mutter schalt es von Weitem, sodass das Mädchen von ihrem Vorhaben abließ und zur Mutter zurückrannte, die sie an Amina erinnerte.

Etwas später sah sie die Mutter, ihre Tochter hinter sich zurücklassend, auf einen Jungen zulaufen, der seine schweren Koffer auf einem Gepäckwagen durch die Leute schob.

Die Frau begrub ihn nahezu an ihrer Brust und benetzte ihn derart mit Küssen, dass ihre Augen beim Zusehen überliefen, und sie fühlte die schmerzende Zärtlichkeit für Mohammed, ihren Sohn, zurückkehren.

Plötzlich sah sie die Beine des jungen Polizisten, die sich ihr näherten, und sie spürte einen Schmerz ihren Leib zusammenpressen. Als er direkt vor ihr zum Stehen kam, hob sie einen Zipfel ihrer Abaya zu ihrem Mund und blickte ihn an. Er fragte sie freundlich: »Mütterchen, suchen Sie nach jemandem? Kann ich Ihnen irgendwie behilflich sein?«

Vor Verlegenheit wusste sie nicht, was sie antworten sollte. Ihre Beine begannen zu zittern, und sie konnte nur stammeln.

Sie bedankte sich bei ihm und sagte ihm, dass sie jetzt gehen müsse, da ihr Fahrer sicher gerade angekommen sei. Seine Verwunderung über ihre Antwort konnte er nicht verbergen, das sah sie. Seine Neugier war inzwischen so groß geworden, dass er sie nicht mehr länger aus der Ferne hatte beobachten wollen.

Als sie aus der Tür hinaus ins Freie trat, begann die Sonne gerade unterzugehen. Die Frage des Polizisten hatte sich wie ein Gewicht auf ihr krankes Bein gelegt, und sie musste es schleppend hinterherziehen, damit es dem anderen Bein folgen konnte. So hatte es den Anschein, als hüpfte sie, während sie sich beeilte, das Flughafengebäude hinter sich zu lassen.

In der Nähe der Tür wollte sie keinesfalls auf den Fahrer warten, also wandte sie sich der Straße zu, um größtmöglichen Abstand zum Blick dieses jungen Mannes zu gewinnen, der sicher zu seinem Kollegen zurückgegangen war und jetzt wahrscheinlich mit ihm über sie sprach.

Was würde er wohl sagen? Wie würde er die Flughafenbesuche einer alten Frau deuten? »Was mag sie hier wollen? Erwartet sie doch jemanden? Oder hat sie jemanden verabschiedet?«

Stand er dort und beobachtete sie aus der Ferne – ihren Schatten, der nicht im Gleichgewicht war? Bemitleidete er womöglich gerade ihre geneigte Gestalt?

Hundert Fragen gingen ihr durch den Kopf, die der junge Mann sich wohl stellen mochte. Sie trübten ihren Blick, als sie im Begriff war, die Hauptstraße zu überqueren. Daher sah sie das Auto nicht nahen, dessen Geschwindigkeit es dem Fahrer unmöglich machte, rechtzeitig anzuhalten. Ihr ausgemergelter Körper prallte gegen die eine Vorderseite des Wagens und fiel auf der anderen Seite hinab. Der Fahrer stieg bestürzt aus, während sich schnell eine Menschenansammlung bildete. Es erhob sich Geschrei, als einer der Männer vergeblich versuchte, ihren Kopf zu bewegen.

Bevor der Notarzt eintraf, zogen Bilder aus ihrem Leben vor ihren Augen vorbei, und ihr Mund wiederholte beständig Namen und einzelne Wörter.

Ihr Sohn Mohammed und seine Kinder erschienen ihr und baten sie, sich zu gedulden. Sie versprachen ihr, sie bald zu besuchen.

Sie sah Mariam aus dem Wasserfarbenbild heraustreten, das in ihrem Haus hing. Ihre Mutter ließ sie wehklagend im Rahmen zurück.

Dann erblickte sie das pummelige Mädchen mit dem blauen Luftballon in der Hand. Es kam auf sie zu, als ihre Mutter gerade nicht auf sie achtete.

Und ihre Seele stieg langsam und sacht, aber unaufhaltsam auf – leicht wie ein Ballon.

Sie steht dort

Fatma al-Mazru'i

Aus dem Spiegel blickte sie sie mit der offenkundigen Müdigkeit und dem offensichtlichen Ärger an, den man ihrem Gesicht seit geraumer Zeit ansah.

Sie puderte den Bereich unter den Augen, um dieses Schwarz zu verdecken, das in den letzten Tagen erschreckend zunahm. Seit ihrer plötzlichen Erkrankung und dem ständigen Gefühl von Übelkeit und Schwindel.

Sie schaute ihr Gesicht im Spiegel an und erkundete es ernsthaft. Es sah nicht mehr so jung aus wie früher. Seit langer Zeit hatte sie nicht mehr vor dem Spiegel gestanden. Sie sperrte sich in ihrem Zimmer ein und machte das Licht aus, um ihr Gesicht nicht sehen zu müssen. Ihr wunder Punkt ist der Spiegel. Zum ersten Mal stand sie davor und erkundete ihr Gesicht gründlich. Wie konnte sie es nur zulassen, dass diese ganzen Falten ihre Gesichtszüge so schnell in Besitz nahmen?

Sie war eine Frau, die das Leben liebte. Sie war religiös erzogen worden, sodass sie an keinem einzigen Tag das Kopftuch ablegte. Dieser traurige, schmerzende Blick in ihren Augen erschreckte sie. Bestimmt hatten alle anderen um sie herum diese tiefe, seit der Kindheit in ihr wohnende Trauer schon gespürt.

Sie erwachte plötzlich aus ihrer Geistesabwesenheit durch eine Stimme, die nach ihr rief. Sie ärgerte sich sehr, dass er sie rief. Es musste etwas Wichtiges sein. Sie war wütend über den bevorstehenden Besuch bei seinem Freund und dessen Frau. »Ich habe mir diesen Zeitpunkt nicht ausgesucht.« Er wusste doch von der Krankheit, die sie seit einiger Zeit plagte. Der Arzt riet ihr, Anstrengungen zu vermeiden, damit sie schnell wieder zu Kräften kam. Sie war an die heiligen Zeiten für ihre Medizin gebunden und versuchte, sie nicht zu vergessen.

Sie erinnerte sich an ihre Kindheit und wie sie damals gewissenhaft ihre Aufgaben erledigte. Nur ein einziges Mal vergaß sie es und wurde mit harten Schlägen auf die Hände bestraft. Sie weinte den ganzen Tag. Auf dem Weg von der Schule nach Hause heulte sie sogar laut.

Sie hatte diesen Fehler nie mehr gemacht …

Ihre Hefte waren sauber und ordentlich, und sie hatte eine schöne Schrift. Diese Hefte waren wegen ihrer sauberen Mitschriften im Unterricht bei allen Mitschülerinnen in der Klasse gefragt, obwohl sie selbst nichts von dem verstand, was sie schrieb. Und vielleicht war das der Grund dafür, warum sie sich nicht im Spiegel ansehen konnte. Sie hatte Angst, mit dem konfrontiert zu werden, wofür sie sich hielt.

Seine Stimme rief wieder nach ihr, aber diesmal war sie lauter. Sie gab ihren Widerstand auf, erhob sich und band sich stillschweigend ihr Kopftuch um. Sie würden seinen Freund besuchen. Er mochte und respektierte ihn sehr, obwohl sie und ihr Mann nicht zu denen gehörten, die auf Kontakt zu Menschen besonderen Wert legten. Sie wusste nicht, was ihren Mann dazu veranlasst hatte, sie zu heiraten. Sie war in einem Haus geboren worden, das für seine Traditionen und Sitten bekannt war. Ihr Vater war ein hartherziger Mann. Er erlaubte ihnen nur selten, das Haus zu verlassen. Und wenn, dann nur um die notwendigsten Sachen zu kaufen. Mit der Zeit verlor sie die Lust daran und lebte ihr Leben in ihrem Zimmer. Sie liebte diese vier Wände über alles. Vielleicht weil sie sie vor der Außenwelt und ihren vielen Katastrophen schützten, so dachte sie. Sie hatte nie irgendwelchen Ehrgeiz. Selbst die Idee zu heiraten war größer als jeder Traum, den sie je gehabt hatte. Bei ihrer Hochzeitsfeier sah sie aus wie immer. Sie war nicht sehr stark geschminkt. Sie stand vor dem Spiegel und schaute sich verschämt an. Sie entfernte sich schnell wieder, als wäre es ein Tabu. Sie hätte das nicht tun sollen. Hatte sie wirklich Ja gesagt? Nein. Nein, sie hatten sie nicht nach ihrer Meinung gefragt. Ihr Vater traf die Entscheidung, und eine Woche später fand die Hochzeit statt, schweigend wie eine Totenfeier. Zehn Jahre Ehe waren vergangen. Sie hatte ihn noch nie gefragt, ob er sie liebte. Aber sie bemerkte, dass er sich nicht mehr für sie interessierte. Jedes Mal, wenn sie neben ihm saß oder im Bett lag, hatte sie das Gefühl, dass er sie ignorierte oder bereits vergessen hatte. Schweigend bewegte sie sich im Haus und erledigte ihre Arbeit. Er versuchte nie, mit ihr zu sprechen. Sie unterhielten sich weder über ihre Zukunft noch über andere Dinge. Ein Schweigen umhüllte sie beide. Vielleicht lag die tiefe Trauer, deren tiefe Falten sich auf ihrem kleinen, dunkelhäutigen Gesicht abzeichneten, daran, dass sie ihm kein Kind geboren hatte.

Sie erinnerte sich daran, wie diese Übelkeit sie während ihres gemeinsamen Lebens mit ihm immer begleitet hatte.

Am Anfang war er zuversichtlich gewesen. Aber nach der Untersuchung stellte der Arzt seine Diagnose: Sie litt an einer chronischen Magenkrankheit, die diese Übelkeit verursachte. Trotzdem versuchte sie jeden Tag, optimistisch zu sein. Vielleicht verschwände dieser ignorierende Blick aus den Augen ihres Mannes und der anderen, wenn sie ein Kind gebären würde, und vielleicht würden sie sich dann für sie interessieren.

Diesmal riss der Schrei ihres Mannes sie aus ihren Gedanken. Sogar sein Ärger war nicht mit dem der anderen Männer zu vergleichen. Er machte seine Stimme hart, voller Kälte und Gleichgültigkeit. Sie würde sich bestimmt wie immer langweilen. Denn die Frau seines Freundes redete viel und setzte ihre starke Persönlichkeit gegenüber ihrem armseligen Mann durch. Und obwohl ihr Haus groß und elegant war, wählte sie die Möbel nur nach dem Geschmack der anderen aus.

Das war der Unterschied zwischen ihnen. Das war die große Kluft zwischen den beiden Frauen. Wie immer stieg sie in das Auto ihres Mannes und setzte sich schweigend neben ihn. Er musterte ihren dicken Körper, ihr blaues, weites Kleid und schüttelte den Kopf. Sie wusste, dass ihm ihr Körper, besonders in letzter Zeit, nicht gefiel, weil sie ihn völlig vernachlässigt hatte. Aber ihr Mann würde das nie ansprechen. Er würde nur schauen. Er stieg aus dem Auto aus, ging ins Haus seines Freundes, und sie folgte ihm. Sie setzte sich, aß Kekse, trank Tee und ließ die anderen sprechen und Witze erzählen. Und er sprach stolz über seine Arbeit und unterhielt sich über Politik und sogar über die Reifen seines alten Autos und vieles mehr. Ja, seine Zunge wurde nicht müde und langweilte sich nie in der Anwesenheit seines geliebten Freundes. Aber zu ihr war er hart wie Stein. Er vergaß, dass sie existierte, und dachte nicht an sie.

Die Frau seines Freundes gehörte zu jenen Frauen, die einen im Gespräch müde machten. Diese Sorte von Frauen war langweilig und anstrengend und interessierte sich nur für das täuschende Äußere, die glänzenden Komplimente und das Geschwätz, das sich immer länger hinzog. Sie mochte ihren Spiegel nicht. Heute hatte er alle Einzelheiten ihres Körpers hervorgehoben. Jenes Körpers, dessen Tiefen ihr Mann nie zu erkunden versucht hatte.

Da waren sie beide. Sie gingen wie immer am Meer spazieren. Selten hielten sie sich an den Händen. Jeder war mit sich allein. Sie wollten über etwas sprechen oder ihr gemeinsames Leben planen. Einer wollte dem anderen etwas sagen. Aber nein, da war nur das Schweigen.

Das Schweigen wird noch lange anhalten. Sie werden müde vom Alter und vom Schweigen und von den langen Blicken in den Spiegel. Und er wird besonders müde durch das ständige Anschauen ihres blauen Kleids und ihres dicken Körpers.

Das Gesicht der reizenden Witwe

Fatma al-Mazru'i

Früh am Morgen öffnet sie ihre Wohnungstür und hält ihre beiden Töchter liebevoll an der Hand. Meine Augen verfolgen sie mit einer Mischung aus Neid und Wut. Alles an ihr ist reizend. Ich als Frau sehe ratlos die Bewegungen ihres weichen Körpers und ihrer Brüste. Ach, sie bewegen sich wundervoll, in seltsamer Harmonie. Sie sind bezaubernd. Ich weiß nicht, warum sie so fest sind. Vielleicht trägt sie einen guten BH, um die Männer zu reizen. Jetzt hat sie Feierabend und kommt zurück von der Arbeit. Mein Herz klopft laut, und teuflische Gedanken tummeln sich zänkisch in meinem Kopf. Sie wird meinem Mann über den Weg laufen, und ihre Brüste werden seinen Körper streifen.

Ich höre das Klirren der Schlüssel und das Klappern ihrer hohen Absätze. Mein Herz zittert. Ich öffne die Tür mit der Vorstellung in meinem Kopf, mein Mann würde sie gerade fest an seine Brust drücken, ihre schmale Taille umfassen, während seine Atemzüge ihr Gesicht streifen. Aber überrascht stelle ich fest, dass sie mit ihren Töchtern vor der Tür steht und versucht, sie zu öffnen. Ihr Blick verrät Erstaunen über mein Verhalten.

Verärgert gehe ich wieder in meine Wohnung. Bestimmt heckt sie einen Plan aus. Ich erkenne es am Blick ihrer Augen, an der Hitze, die die Rundungen ihres Körpers, ihre Lippen und ihre Brüste ausstrahlen.

Weitere Monate vergingen. Ihre Existenz im Haus beunruhigte alle, vor allem aber die Frauen. Unter ihnen machte sich unterschwellig Angst breit. Doch nur der Oberschüler aus dem Nachbarhaus verfolgte die Frau mit seinen Augen. Ich bemerkte, wie oft ihre Blicke sich trafen – mehr, als dass es vielleicht Zufall hätte sein können. Im Fenster des jungen Mannes sah man lange Licht brennen. Ich lauere hinter meinem Vorhang und warte auf meine Gelegenheit. Oft sehe ich den Schatten zweier Körper, die sich nackt in diesem Zimmer umarmen, und ich verfluche diese Witwe und ihre unheilvolle Existenz in unserem Haus. Ich erzählte meinem Mann von der Sache, doch er glaubte mir nicht. Er versicherte mir, dass dieser junge Mann aus einer konservativen Familie stammt und dass sein Vater seine Kinder sehr streng, hart und gewalttätig erzogen hat. Es sei unmöglich, dass der junge Mann es riskieren könnte, eine Frau in sein Zimmer zu bringen. Mein Mann tadelte mich wegen meines Verhaltens und meiner Neugier bei der Verfolgung der Frau und ihres jungen Geliebten. Meine Gedanken drehen sich weiter. Meine Nachbarinnen wussten über die Geschichte mit dem Fenster Bescheid. Einen Monat später wurde die Versammlung an meinem Fenster größer. Wir waren insgesamt sieben Frauen, die das Fenster des jungen Mannes beobachteten, Tee tranken, lästerten, über alles sprachen, über Ehemänner, alte Jungfern, über hübsche Witwen, die Ehemänner stehlen, und beobachteten Fenster und müde Gesichter nach einem anstrengenden und langen Arbeitstag. Unsere Gespräche machten schnell im ganzen Haus die Runde und auch in den Nachbarhäusern. Es kam so weit, dass die Witwe es vermied, ihre Wohnung zu verlassen. Und wenn sie es tat, wurde sie von Worten gepeitscht, die ihren Körper, ihr Gesicht und auch ihre Brüste versengten.

An einem Sommerabend wurden wir davon überrascht, dass unsere Nachbarin, die Witwe mit dem bezaubernden Gesicht, ihre beiden Töchter hinter sich herschleppte und einen großen Koffer bei sich trug. Sie hielt ein Taxi an und stieg laut schimpfend ein. Ich legte meinen Kopf auf die Stuhllehne, trank nervös meinen Kaffee, und aus dem Augenwinkel sah ich den Schatten der sich umarmenden Körper.

Manina

Mariam Nasser

»Und eines Tages, meine lieben Zuhörer, kam dieser despotische Mann von der Jagd zurück. Da bemerkte er, dass sich zwischen den Büschen etwas bewegte, und ritt mit seinem Gefolge vorsichtig näher heran.

Als er näher gekommen war, sah er eine Frau, bekleidet mit einem zu langen grünen Gewand, das über den Sand schleifte und im Gebüsch hängen blieb. Sie befreite es immer wieder ganz ruhig, machte sich aber nicht die Mühe, es einfach nur leicht anzuheben. Auf den Schultern trug sie ein Bündel Holz.

Sie machte sich auch nicht die Mühe, sich nach dem Hufgetrappel umzuschauen. Das wunderte ihn.

Er und seine Männer blieben in ihrer Nähe stehen, und er rief sie mit lauter Stimme: ›He, du …‹

Doch noch immer drehte sie sich nicht um, sondern lief einfach weiter. Er fühlte sich vor seinen Begleitern in seinem Stolz verletzt – er, den sich alle Frauen dieser kleinen Oase zum Mann gewünscht hätten und auf dessen Pferd sie liebend gern gestiegen wären, sobald er vorbeiritt. Er war es, der auswählte, und keiner wagte es, sich ihm zu widersetzen.

Das lag nicht nur daran, dass er der wichtigste Mann in diesem Ort war, auch nicht an seinem unübertroffenen Aussehen, und ebenso wenig daran, dass er der Stärkste von allen war, der sich wie kein anderer vor ihm mit Klugheit Räubern entgegenstellte und ihnen eine Lektion erteilte, sodass sie sich nie wieder auch nur in die Nähe der Dorfgrenzen wagten. Es war auch deshalb so, weil die Frauen sich in ihren Träumen mit ihm in seinem Haus vereinten, in dem noch keine von ihnen länger als zwei oder drei Monate geblieben war.

Es wagte auch keiner der Männer des Dorfes, ihm zu widersprechen.

Keiner von ihnen hatte Ghaiths Kopf vergessen, als in diesem das Blut zu kochen begann, nachdem er erfahren hatte, dass Muhair seine Schwester von den Palmen weggeführt und mit in sein großes Lehmhaus genommen hatte. Diese Schande wollte er von sich abwaschen, vor allem, als er hörte, dass die Frauen miteinander tuschelten, sie sei freiwillig mitgegangen und hätte ihm keinen Widerstand geleistet. Er wollte sie beide töten. Doch es gelang Ghaith nicht, sich von dieser Schande zu reinigen, sondern sein Blut vermischte sich trefflich mit dem Sand vor Muhairs Haus.

Von diesem Moment an wussten alle, dass sie sich ihm unterwerfen mussten, und keiner wagte mehr, ein Wort zu sagen.«

»Alia, Alia, wir müssen nach Hause!«

Manina hörte auf zu erzählen und lächelte mich an. Dann legte sie die kleinen, in rotes Papier gewickelten Bonbons in meine Hände, bevor ich dem Ruf meines Bruders folgte, der mich aus ihrer Erzählung gerissen hatte. Ich sah sie an und zog meine Hand weg.

»Großmütterchen, erzählst du mir morgen die Geschichte von der Frau mit dem grünen Kleid und von Muhair weiter?«

»Natürlich, meine Teuerste, doch nun sag ›Im Namen Gottes‹ und geh nach Hause. Und grüß deine Mutter von mir!«

Lächelnd lief ich hinaus, und bevor ich die Tür schloss, warf ich einen letzten Blick auf sie.

Die alte Manina mit dem dunklen, von einem Schleier bedeckten Gesicht, der nur ihre schmalen Augen sehen ließ – ich kann mich nicht daran erinnern, sie je ohne diesen Gesichtsschleier gesehen zu haben, selbst dann nicht, wenn sie aß oder aus ihrer Kaffeetasse trank, die immer in ihrer Nähe stand. Dann glich sie einem Dieb, der mit derartiger Geschicklichkeit etwas zu sich nahm, dass keiner es bemerkte.

»Alia, steh auf, wir wollen bei Manina vorbeischauen, ich habe gehört, sie ist krank.«

Ich war gerade ins Lernen vertieft, als meine Mutter mich mit dieser Nachricht überraschte. Manina war unsere Nachbarin gewesen, zu der ich mich immer hineingestohlen hatte, um ihre Geschichten zu hören. Das tat ich viel lieber als wie meine Freundinnen fernzusehen. Ihre Geschichten waren viel interessanter! Jeden Tag war ich bei ihr gewesen, bis ihr Sohn, in dessen Haus sie wohnte, beschloss, in ein größeres Haus zu ziehen, das in einer anderen Gegend lag.

Ich wurde älter und vermisste ihre Geschichten und das gemütliche Zusammensein. Wenn ich an die kleinen roten Tütchen dachte, die sie mir zugesteckt hatte, lief mir das Wasser im Mund zusammen. Sie begann mit ihren Geschichten gewöhnlich erst dann, wenn ich zwischen den Zuhörern Platz genommen hatte.

Manchmal hatte sie mir sogar etwas geröstetes Brot und frische selbst gemolkene Milch von ihrem Vieh aufgehoben, das sie im Hof hielt.

Ich erinnere mich, dass ich sie einmal eine Weile nicht besuchen konnte, da ich Windpocken bekommen hatte. Sie machte sich Sorgen um mich. Doch obwohl ich versuchte, meine Mutter davon zu überzeugen, dass es mir gut ging und ich doch zu Manina gehen könnte, erlaubte sie es mir nicht, weil sie Angst hatte, die Kinder in ihrem Haus könnten sich anstecken. Ich weinte damals sehr, doch dann überraschte Manina mich mit einem Besuch. Sie hatte sich mit ihrem Stock zu uns geschleppt und Brot und Milch mitgebracht. Sie setzte sich auf die Bettkante und rezitierte Koranverse, sprach den Namen Gottes aus und gab mir zu essen. Während sie mir dann eine Geschichte erzählte, schlief ich in ihren Armen ein.

Ich flüchtete immer vor meiner Mutter, wenn sie mich kämmen wollte, und hielt mein rotes Haar fest. Manina aber kämmte mich ganz ruhig und erzählte mir dabei etwas, das wie eine Zauberformel klang. So bändigte und flocht sie mein Haar.

Ich erinnerte mich an ihren schwarzen Kamm, während ich jetzt meine Haare zusammenband, und merkte, dass ich mir Sorgen machte.

Manina – in den vielen Jahren seit ihrem Umzug hatte ich sie nur zweimal gesehen!

Es war schwer gewesen, mich von ihr zu trennen, und meinen Geschwistern war es ähnlich gegangen, selbst wenn sie nie so versessen darauf gewesen waren, ihren Erzählungen zu lauschen. Doch ich wusste, dass alle sie mochten. Manchmal hatten sie sie nicht in Ruhe gelassen, wenn sie ihnen nicht noch mehr Süßigkeiten geben wollte. Wir alle liebten diese Alte, die nicht älter wurde. Ich hasste ihren Sohn, der sie uns wegnahm. Er war der Jüngste ihrer drei Kinder, von denen ich nie eins gesehen hatte, obwohl ich ständig in ihrem Haus gewesen war.

Ich liebte Manina von ganzem Herzen.

Unterwegs fragte ich mich, ob sie mich wohl wiedererkennen würde. Würden meine Gesichtszüge sie an die ungezogene Alia erinnern?

Ich nahm meinen kleinen Spiegel heraus. Was war von der kleinen Alia übrig geblieben?

Ich hatte meine Haare schwarz gefärbt, meine Augen hatte ich mit Kajal umrandet, meine Wimpern waren dichter geworden. Vielleicht hätte ich mich nicht schminken sollen.

Verzeih mir, Manina, ich bin erwachsen geworden und habe dir nichts davon gesagt …

Wir kamen an ihrem riesigen Haus an und wurden von der Hausangestellten hineingelassen. Sie führte uns in das geräumige Empfangszimmer. Nach langer Zeit kam die Frau ihres Sohnes, um uns zu begrüßen. Sie waren keine engen Freundinnen, aber meine Mutter pflegte den Kontakt mit ihr, um sich nach Maninas Befinden zu erkundigen. Sie erzählte aber oft, dass sie mit Maninas Tochter befreundet gewesen war, obwohl ich diese Freundin nie gesehen hatte.

Wir saßen eine Weile da, doch Manina kam nicht. Ihre Schwiegertochter sagte nur, sie sei senil geworden und werde wohl bald sterben. Es klang, als sagte sie, heute sei es kalt draußen.

Mein Herz zog sich zusammen, und ich bat darum, sie sehen zu dürfen.

Sie wurde verlegen und sah meine Mutter an, als forderte sie sie auf, mich dafür zu rügen, in den Häusern anderer Leute herumschnüffeln zu wollen. Meine Mutter aber sagte ihr ganz offen:

»Glauben Sie mir, sie wird nicht nach Hause gehen, bevor sie sie nicht gesehen hat. Davon werden Sie sie nicht abbringen. Ich kenne doch meine Tochter! Außerdem liebt Manina Alia, und vielleicht geht es ihr besser, wenn sie sie sieht.«

»Wenn sie sich überhaupt an sie erinnert!«

Sie war immer noch verlegen, als sie das sagte.

Dann stand sie auf und bat mich, ihr zu folgen. Wir liefen durch einen schönen Korridor mit vielen verschlossenen Türen. Eine Tür stand offen, aber dann wurde sie von jemandem, der dahinter verborgen war und mich erspäht hatte, plötzlich geschlossen. Wahrscheinlich war es eine von Maninas Enkelinnen. Ich verstand nicht, warum sie sich hinter ihren Türen versteckten, als wären wir früher nicht Freundinnen gewesen und hätten nie miteinander gespielt, und als wären unsere Füße nicht vom selben Staub beschmutzt worden.

Ich kümmerte mich nicht weiter darum, denn ich war schließlich nicht gekommen, um sie zu besuchen.

Wir kamen an eine halb geöffnete Tür auf der rechten Seite des Korridors. Dort sah ich die alte Frau auf dem Rand ihrer Matratze sitzen.

Die Schwiegertochter ließ mich allein und kehrte zu meiner Mutter zurück. Ich küsste Manina auf den Kopf, doch sie schien mich nicht zu bemerken. Sie saß da wie eine Statue aus Stein. Ich sah mich in ihrem Zimmer um. Es war so klein und eng, dass nur ihre alte Matratze, die auf dem kahlen Fliesenboden lag, darin Platz fand. Es gab keinen Kleiderschrank, denn selbst wenn sie ihn irgendwie hineingequetscht hätten, hätte er mindestens die Hälfte des Zimmers eingenommen.

Kein Fenster, und Manina hasste so enge Räume. Noch nicht einmal eine Klimaanlage gab es, wo wir doch die meiste Zeit des Jahres nicht ohne sie auskamen!

Mir war zum Weinen zumute, als ich dieses leere, kalte Zimmer sah, in dem es außer ihr nichts weiter gab als ein grünes Bündel, das hinter ihr lag.

Ich setzte mich auf den Boden, und weil der Platz nicht reichte, musste ich im Flur sitzen. Ich nahm ihre Hand und begann zu sprechen:

»Guten Tag, Großmütterchen, erinnerst du dich an mich? Ich habe dich sehr vermisst, wie geht es dir? Fehlt es dir an etwas? Brauchst du etwas?«

»Ulaya?«, fragte sie mit schwacher Stimme.

Ich hätte zugleich weinen und lachen können.

»Ja, Großmütterchen, ich bin Ulaya.«

Sie nahm meine Hand und führte sie kraftlos an ihre Brust. Ich umarmte sie, und sie begann zu weinen, während sie mich fragte, wie es mir, meinen Eltern und meinen Geschwistern gehe. Ich antwortete ihr und fragte mich, wie ihre Schwiegertochter behaupten konnte, sie sei senil geworden, wenn sie sich an all dies erinnerte.

Als die anderen im Haus hörten, dass sie weinte, kamen sie herbeigelaufen. Meine Mutter und die Schwiegertochter fragten mich, warum sie weine. Manina antwortete selbst:

»Vor Freude darüber, liebe Menschen wiederzusehen.«

Sie umarmte meine Mutter und begrüßte sie. Dann bat sie um Entschuldigung dafür, dass sie nicht aufstehen konnte.

Auf dem Gesicht der Schwiegertochter standen pures Erstaunen und wohl auch Ärger, weil ich die Lebensgeister einer alten Frau wiedererweckt hatte, die eigentlich bald sterben sollte.

Meiner Mutter hingegen sah man deutlich den Unmut über dieses kleine Zimmer und die Matratze der Alten auf dem Boden an.

Sie verabschiedete sich, weil die ungewollt entstandene Spannung zunahm, doch da sagte die Alte überraschend:

»Alia, ich muss dir noch die Geschichte von der Frau mit dem grünen Kleid zu Ende erzählen!«

»Stimmt, Großmütterchen, das musst du noch tun!«

»Komm morgen wieder, ich werde auf dich warten und sie dir erzählen.«

In diesem Moment war ich wirklich verwirrt. Sie hatte recht, wir waren unterbrochen worden, und sie hatte die Geschichte nie zu Ende erzählt. Sie war also bei klarem Verstand und erinnerte sich an alle Einzelheiten. Ja, ich werde wiederkommen und dir zuhören, Manina.

»Er stand genau hinter ihr, sodass das Pferd auf den Rand ihres langen Kleides trat. Doch noch immer wandte sie sich nicht um. Sie lief weiter, und ihr Kleid zerriss. Sie begegnete seinem törichten Verhalten mit Stolz. Er blieb stehen und beobachtete sie, während einer seiner Männer abstieg, um ihr zu folgen. Muhair aber rief ihn zurück, denn es gefiel ihm, wie sie sich verhielt.

Er ließ sie in Ruhe und setzte seinen Weg ins Dorf fort. Als er seine Männer nach ihr fragte, erzählten sie ihm, sie sei eine Sklavin von Abu Dschabir.

Die folgende Nacht war keine gewöhnliche für Muhair. Er tat kein Auge zu und dachte über diese Sklavin nach, die sich nicht nach ihm umgedreht hatte. War er es doch gewohnt, dass sich alle vor ihm verbeugten. Er gestand sich ein, dass es ihm gefallen hatte, wie sie ihm die Stirn geboten hatte, und er fasste einen Entschluss, den er selbst nie für möglich gehalten hätte.

Nach dem Morgengebet (ja, er betete, trotz seines despotischen Charakters) ging er zum Haus seiner Mutter, die sich seit Langem von ihm losgesagt hatte.

Er küsste ihr den Kopf und die Füße und bat sie um Verzeihung. Sie strich über seinen Kopf und fragte ihn, was er wolle.

Er sagte ihr, er wolle heiraten. Sie musste schlucken, als er ihr von dem Mädchen in dem grünen Kleid erzählte.

›Eine Sklavin, Muhair?‹

›Eine ehrenwerte, anständige Frau, Umm Muhair!‹

Sie nahm ihre Gebetskette, spielte mit den Perlen und senkte ihren Kopf: Nur, weil sie sich nicht nach ihm umgedreht hatte, wollte er sie heiraten.

›So heirate sie, Muhair, du bist nicht gekommen, um meinen Rat zu hören, sondern, um mich von deiner Entscheidung zu unterrichten.‹

Abu Muhammad war erstaunt über den Gast, der vor seiner Tür stand. Muhair war mit seinem Cousin gekommen, dem einzigen Freund, der ihn begleiten durfte, als er sich zu dieser ungewöhnlichen Verlobung aufmachte.

Wie konnte der Herr des Hauses es wagen, eine Sklavin zu heiraten, wo er doch alle Damen im Haus hätte haben können?

Keiner fragte sie. Es genügte Abu Muhammad zu wissen, dass keine seiner Töchter im Haus dieses Verfluchten leben würde.

In nur drei Tagen wurde die Hochzeit vorbereitet. Muhair überschüttete sie mit Geschenken. Schmuck aus Bahrain, Seide aus Indien, Schätze, die er für eine Lebensgefährtin gekauft und aufbewahrt hatte, die etwas Besonderes sein sollte. Und sie war etwas Besonderes!

Er entrichtete die Brautgabe für sie, die jedoch nie bei ihr ankam. Abu Muhammad behielt sie einfach für sich.

Zur Hochzeit waren nur einige wenige Schadenfrohe gekommen. Viele meinten, das wäre ein angemessenes Ende für diesen Tyrannen.

Seine Verbindung mit einer Sklavin, die man kaufte und verkaufte, beschädigte sein Ansehen unter den Männern.

Von den Frauen waren nur ein paar Sklavinnen erschienen; die einen beneideten sie, die anderen weinten und jammerten aus Angst um sie. Sie war bekannt für ihre hohe Moral, und sie hätten ihr einen anderen Mann gewünscht.«

Manina schwieg und stieß einen langen Seufzer aus.

Dann entschuldigte sie sich bei mir, weil sie vom Sitzen müde geworden war, und sagte, sie wolle im Liegen weitererzählen.

Du meine Güte, wie höflich diese alte Frau doch war!

Ich war wie versprochen am nächsten Tag wiedergekommen und hatte ihr eine Kanne Kaffee mit Nelken mitgebracht, den sie so liebte.

Dieses Mal wartete ich nicht erst auf die Hausherrin, sondern ging sofort in ihr Zimmer. Ich setzte mich, ohne die Tür zu schließen, denn hätte ich das getan, wäre kein Platz für mich gewesen.

»Großmütterchen, wenn du müde bist, machen wir morgen weiter.«

»Nein, nein, es geht mir gut, sei still und lass mich weitererzählen.«

Ich lächelte und freute mich, dass sie darauf bestand, denn auch ich wollte eigentlich nicht, dass sie ihre Erzählung unterbrach.

»Sie gebar ihm das erste Kind, und er war nun mit anderen Dingen beschäftigt. Er ging nicht mehr zur Jagd und gab seine Abenteuer auf. Stattdessen kümmerte er sich um die Palmen seines Vaters, bestellte große Flächen seines Landes und mehrte seinen Reichtum. Die Leute aber wurden immer zorniger auf ihn und verspotteten ihn, vor allem, weil sein Sohn die Hautfarbe seiner Frau und seine Gesichtszüge hatte.

Muhair war überglücklich, doch er wusste sich keinen Rat, als er die Dorfbewohner einlud, die Geburt seines Sohnes mit ihm zu feiern, und niemand erschien.

Da fasste er einen Beschluss.

Er würde keinen Tag länger in diesem Dorf bleiben. Sie packten ein paar Sachen zusammen und verließen das Dorf noch in derselben Nacht … Er drehte sich nicht ein einziges Mal um, doch sie vernahm ein Röcheln in seiner Brust.

Er ließ seine heldenhafte Vergangenheit, seine Abenteuer mit den Frauen, sein Land und seine Familie zurück. Keiner trauerte ihm nach. Er wusste, dass er in seinem Dorf alle Sünden dieser Welt begangen hatte, und keiner hatte sich ihm widersetzt. Er hatte seine Tyrannei fortgesetzt, bis ihn dieses anständige Mädchen mit ihrem schlichten Verhalten besiegt hatte.

Sie hingegen schaute ein- oder zweimal unbekümmert zurück. Es verband sie nichts mit diesem Dorf.

Abu Muhammad hatte ihre Mutter einer Karawane abgekauft, die am Dorf vorbeigekommen war. Da war sie bereits schwanger mit ihr. Deshalb war sie ebenfalls eine Sklavin geworden. Sie hatte keine Freundinnen. Nie hörte man von ihr ein Wort der Klage darüber, dass sie Holz sammeln oder Palmen erklettern und Datteln pflücken musste.

Sie hatte viele Arbeiten zu verrichten. Sie kochte, machte sauber, wusch, und in der Nacht lag sie neben al-Yaziya, der Tochter des Hausherrn, die viel schwatzte und versuchte, ihr den Koran beizubringen und ihn dabei selbst auswendig zu lernen, dann aber plötzlich erschöpft einschlief.

Al-Yaziya heiratete und zog in der Hochzeitsnacht in ein nahe gelegenes Dorf. Sie schickte ihr eine kleine Goldkette, daran war ein Anhänger mit einer Perle, die der Schriftzug ›Es gibt keinen Gott außer Allah‹ umrahmte.

Sie legte sie nie wieder ab, denn sie war der einzige wertvolle Gegenstand, den sie besaß. Selbst nach der Heirat mit Muhair, der sie mit Schmuck und Geschenken überhäuft hatte, als sei sie eine Prinzessin, trug sie die Kette weiterhin. Die Achtung, die Muhair ihr entgegenbrachte, gefiel ihr.«

Manina schwieg erneut. Ich wusste, dass sie müde war. Das alles war sehr anstrengend für eine alte Frau wie sie.

Ich küsste ihre Hand und ging, nachdem ich ihr versprochen hatte, am nächsten Tag wiederzukommen. Sie bat mich darum, ihr mit Safran gekochte Milch mitzubringen. Ich lächelte und wunderte mich darüber, dass sie mir so unbedingt die Geschichte zu Ende erzählen wollte.

Ich machte mich fertig, um zu ihr zu gehen. Diesmal schminkte ich mich nicht. Sie kannte mich und würde sich an mich erinnern. Ich musste nicht schön aussehen, wenn ich neben ihr saß. Meine Mutter brachte mir die Kanne mit Milch, um die sie mich gebeten hatte.

»Willst du wirklich dorthin gehen? Hast du nicht gesehen, wie uns die Frau ihres Sohnes empfangen hat?«

»Ich will doch Manina besuchen, und außerdem, Mutter, hat sie doch um die Milch gebeten. Meinst du nicht, ich sollte schon allein deshalb zu ihr gehen?«

Sie wusste, dass es aussichtslos wäre, mit mir zu diskutieren, da ich meinen Kopf sowieso durchsetzen würde.

Wie am Tag zuvor ging ich sofort zu Manina, nachdem man mich eingelassen hatte. Die Tür zu ihrem Zimmer war geöffnet, doch diesmal lag sie auf der Matratze. Mein Herz begann, wie wild zu schlagen.

Ich rutschte auf den Knien zu ihr heran und versuchte, irgendein Lebenszeichen festzustellen. Da sah ich, dass sich ihr Brustkorb langsam hob.

Ich lächelte und beschloss, sie nicht in ihrem Schlaf zu stören. Ich stellte die Milch auf dem engen Raum zwischen Wand und Matratze ab.

Gerade wollte ich wieder hinausgehen, als ich ihre Stimme vernahm:

»Alia, du bist ja wieder gekommen!«

»Ja, Großmütterchen, ich bin es.«

»Gut. Hast du die Milch mitgebracht?«

»Ja, hab ich.«

Sie setzte sich auf und schenkte mir und sich selbst ein Glas Milch ein. Safranduft erfüllte den Raum. Dann fuhr sie mit ihrer Erzählung fort:

»Sie ließen sich in einer großen Stadt am Meer nieder. Muhair kaufte mehrere Häuser, machte Land urbar und ging damit den Tätigkeiten nach, auf die er sich gut verstand. Er wurde bekannt und war ein allseits geachteter Mann, auch wenn ihm sein Ruf und die Kunde von seinem früheren Leben vorausgeeilt waren und so mancher sich vor ihm gefürchtet hatte. Doch er überzeugte sie alle davon, dass er nichts mehr mit dem Muhair von damals gemein hatte.

Er führte ein glückliches Leben mit seiner Frau und den drei Kindern, die sie ihm inzwischen geschenkt hatte.

Eines Tages jedoch wurde er krank, und keiner wusste ihn zu heilen.

Manchmal sagte er zu ihr, er sei verzaubert worden, und die Seele eines Menschen, den er zu Unrecht getötet hatte, quäle ihn nun. Ein anderes Mal sagte er, jemand hätte ihn vergiftet. Keiner wusste, an welcher Krankheit er wirklich litt.

Muhair gab ihr eine kleine Truhe. Zuvor hatte er sie jedoch gebeten, sich zu vergewissern, dass keiner im Haus sie hören konnte. Mühevoll sprach er zu ihr:

›Nur, wenn sie es verdienen! Nur, wenn sie es verdienen!‹

Dann verschlechterte sich sein Zustand, und wenige Tage später verstarb er.

Ihre Kinder waren noch klein, doch der Älteste war alt genug, um zu verstehen, was der Heilkundige gesagt hatte – nämlich, dass sein Vater vielleicht vergiftet worden sei.

Kein anderer hätte Gift ins Essen seines Vaters mischen können als seine Mutter.

Was er gehört hatte, reichte, um sie ihr ganzes Leben lang zu bestrafen. Es genügte auch, diesen Gedanken in die Herzen seiner Geschwister einzupflanzen.

Vielleicht hatte er auch zu oft die Geschichten gehört, die sich die Mütter der Nachbarskinder erzählten – seine Mutter sei eine Zauberin und habe seinen gut aussehenden Vater verzaubert, denn wie sonst hätte er, ein freier Mensch, eine Sklavin heiraten können.

Nie fragte er seine Mutter danach. Das war auch nicht notwendig. Allein seine Hautfarbe, die so anders war als die seiner Freunde, genügte, ihn unglücklich zu machen.

Sie klagte nicht, konnte sich aber auch nicht erklären, warum die Kinder so ungehorsam waren. Sie wuchsen heran und ließen sie nach ihrer Pfeife tanzen. Sie verkauften ihr Haus und das Land ihres Vaters und teilten das Geld untereinander auf. Inzwischen waren sie in verschiedene Städte gezogen. Sie war froh, dafür gesorgt zu haben, dass sie eine gute Bildung erhielten, als sie noch klein waren. Was sie dann mit ihrem Leben anfingen, lag nicht mehr in ihren Händen. Sie bezogen sie nicht in ihr Leben ein und brachten sie von einem Haus ins nächste, so als sei sie ein lästiges Stück Mobiliar.

Das Einzige, worauf sie keinen Zugriff hatten, war die kleine Truhe. Sie hatte sie an der Mauer des Gebäudes vergraben, das sie für die Einrichtung einer Koranschule gestiftet hatte. Man hatte eine Tafel mit Muhairs Namen angebracht. Damit wollte sie für seine Seele Fürbitte einlegen, bevor die Kinder groß wären und über den Rest bestimmen würden. Sie dankte Gott dafür, dass sie nichts von dieser Stiftung wussten, sonst hätten sie auch dieses Haus noch verkauft.

Beruhigt hatte sie die kleine Truhe an der Wand in der Nähe des Lotusbaums vergraben. Ihren Söhnen gegenüber verlor sie nie ein Wort darüber. Sie hielt sich an Muhairs Worte – sie fand nicht, dass sie es verdient hätten.

Einmal hatte sie die Truhe geöffnet und festgestellt, dass ihr Inhalt viel wichtiger war als alles, was sie besaßen. Viel wertvoller, aber sie verdienten es nicht!

Alia, sie haben es nicht verdient.«

»Was sagst du?«

Ich erfuhr nicht mehr, was sie meinte und ob sie gelächelt oder geseufzt hatte, weil der große Gesichtsschleier ihr Gesicht mit all seinen Falten verdeckte.

Sie schlief ein, ohne dass ich mich von ihr verabschieden konnte. Mir war klar, dass ich sie ermüdet hatte. Als ich ihr

Tuch anhob, entdeckte ich auf ihrer mageren Brust eine Perle, umgeben von dem Schriftzug »Es gibt keinen Gott außer Allah«.

Ich atmete tief durch. Dann deckte ich sie zu, machte das Licht aus und ging.

In dieser Nacht konnte ich nicht schlafen. Tausend Fragen schwirrten mir durch den Kopf. Morgen würde ich sie bitten, mir diese Fragen zu beantworten.

Aus dem Wohnzimmer drangen Klagelaute zu mir. Schnell rannte ich hin. Meine Mutter hielt den Telefonhörer in der Hand. Sie lief auf mich zu und umarmte mich. Weinend küsste sie mich.

»Sie ist von uns gegangen, Alia. Sie ist zu Gott gegangen.«

Ich wusste, dass sie von Manina sprach ... Ich umarmte meine Mutter und klammerte mich weinend an sie, nachdem meine Beine nachgegeben hatten und ich sie mit zu Boden gezogen hatte.

Ich war nicht in der Lage, gleich am ersten Tag zu ihnen zu gehen, um ihnen mein Beileid auszusprechen. Eigentlich hatte ich eher das Gefühl, sie müssten mir ihr Beileid aussprechen.

Ich war viel trauriger als ihre Tochter, die ich zum ersten Mal sah. Sie kaute auf ihrem Kaugummi herum. Ihre Fingernägel waren lackiert, und sie hatte sich geschminkt.

Trauer lag nur auf den Gesichtern einiger Fremder, auf dem Gesicht meiner Mutter und auf meinem eigenen.

Ich brachte es nicht über mich, zu der Kiste zu gehen, in der sie jetzt lag, um den Geruch von Moschus einzuatmen.

Ich ertrug die ganze aufgesetzte Atmosphäre dieser Trauerfeier nicht.

Deshalb fragte ich meine Mutter, ob wir gehen könnten. Sie war erstaunt, sagte jedoch nichts weiter. Ich verabschiedete mich von niemandem. Beim Hinausgehen aber murmelte ich vor mich hin:

»Nein, Manina, sie haben es nicht verdient.«

Meine Mutter sah mich verwundert an, als ich diesen Satz wiederholte. Über mein Gesicht huschte ein großes Lächeln.

In einer Stunde bin ich wieder zurück

Salma Matar Saif

In unserem Dorf wird erzählt, ein Mann hätte seine Tochter eingesperrt. Nur ein einziges Mal ging sie aus dem Haus. Sie sagte: »In einer Stunde bin ich wieder zurück.«

Ihr Vater wartet am Straßenrand auf sie. Er bleibt den ganzen Tag und die Nacht auf. Mal setzt er sich, mal ist er in sich versunken, ein anderes Mal scheint es, als wolle er seinen Kummer mit Gewalt besiegen. Er läuft zwischen Anfang und Ende der Straße hin und her, mal schnell wie ein Irrer, mal langsam wie einer, der die Orientierung verloren hat. Und wenn jemand sich ihm nähert, um ihn an die Hand zu nehmen und nach Hause zu führen, damit er sich beruhigt, schreit er ihm ins Gesicht, heulend wie ein Kind: »Ihre Worte quälen mich so. Es klingt mir noch im Ohr, wie sie mit ihrer zarten Stimme zu mir sagte: ›Ich bin immer noch eine Gefangene.‹«

Die Passanten versammeln sich um den Vater, der vor sich hin murmelt: »Sie kam zu mir in einem hellblauen Kleid, das einer fernen Welle glich. Kopf und Brust waren von einem schwarzen Tuch umhüllt, von ihr ging der Geruch von Henna aus – ihre beiden Vögelchen schickten sich an wegzufliegen. Sie schaute mich nicht an, als sie sagte: ›Ich gehe kurz hinaus. In einer Stunde bin ich wieder zurück.‹ Sie erwartete von mir weder Einverständnis noch Ablehnung und ging aus dem Haus hinaus.«

»Als eine Stunde vergangen war, lief ich ihr nach. Ich war überrascht und machte mir Vorwürfe, dass ich sie so einfach hatte gehen lassen. Als ich zu ihr hinausging, sah ich sie inmitten der Straße, wie sie neben einigen Leuten stand und sich mit ihnen unterhielt. Ihre Stimme vermengte sich mit den Stimmen der Leute. Ich lief zu ihr. Als ich sah, wie sie in der Menge nach und nach verschwand wie eine weiße Wolke am Himmel in der sengenden Hitze, lief ich ihr durch die Menschenmenge bis ans Ende der Straße nach. Ich konnte sie jedoch nicht erreichen. Sie entzog sich mir in einer schrecklichen Langsamkeit, während ich ihr in größter Eile nachlief. Für einen Moment schien mir, als sei es mir gelungen, ihre warme Hand zu fassen. Ich hob sie an meine Brust. Ich hauchte ihr ins Ohr: Lass uns nach Hause gehen, und wollte mich auf den Weg machen. Doch plötzlich kam ich zu mir. Ich war wie ein Träumender, der im Traum eine köstliche Frucht hält und beim Erwachen merkt, dass seine Hände leer sind.

Ach, sie war vor meinen Augen verschwunden. Ich rannte. Der Wind schlug mir ins Gesicht. Ich war den Füßen und Flüchen der Passanten ausgesetzt, als wäre ich in einem Ringkampf. Sie war verschwunden, ich konnte sie nicht mehr zwischen all den Leuten erkennen. Das Echo ihrer Stimme rief: ›In einer Stunde bin ich wieder zurück.‹«

Die Bewohner des Dorfes versammelten sich, um – anhand der Beschreibungen des besorgten Vaters – nach Ghariba zu suchen. Er rief sie mit den zärtlichsten Worten. Er beschrieb jedes Detail ihres Gesichtsausdruckes, jede innere Regung. Wenn sie schritt, berührte sie kaum den Boden, als würde sie schweben. Ihre Augen waren wie dunkle Wolken aus Trauer, ihr Gesicht wie eine braune Perle. Er sagte, sie sei nicht an Menschen gewöhnt. Die Leute suchten in allen Häusern, Wegen und Ecken, hinter allen Steinen, über allen Meeren und in allen Gesichtern. Der Vater wartet immer noch wie erstarrt am Straßenrand, einmal in sich versunken, ein andermal in Bewegung, er heult, singt, schläft nicht.

Bis heute geht das mit ihm so, trotz all der Berichte der Bewohner des Dorfes – seiner Alten, seiner Kinder, Frauen und Männer – und trotz der Vorfälle, die den Zeugenberichten folgten. All dies geschah in einer sehr kurzen Zeit, in nicht mehr als einer Stunde. In dieser einen Stunde zog sich der Vater in sich zurück und kreiste in der Straße umher.

Ein Mann aus dem Dorf erzählte: »In der frühen Abendstunde auf dem Weg zum Abendgebet sah ich am Rande der Straße, die ich überqueren muss, wenn ich zur Moschee gehe, eine junge Frau. Sie zitterte wie ein nasser Vogel und atmete tief ein und aus. Sie blickte auf die Straße und sprach mit sich selbst. Ich hörte sie erst, als ich mich ihr näherte. Gott bewahre mich vor dem verfluchten Teufel auf Erden! Als ich mich ihr näherte, bebte ich vor Erregung. Ihre Augen waren mit der Farbe der untergehenden Sonne geschminkt. Sie war dunkelhäutig und wunderschön. Ich hatte Angst um sie, wollte sie vor mir selbst schützen.

Ich blieb weiter vor ihr stehen, unruhig, zitternd, schwitzend. Ich sagte zu ihr: Gehen Sie nach Hause. Die Straße ist nicht sicher für Sie. Tatsächlich fürchtete ich, dass die Passanten ihr etwas antun könnten. Sie blickte zu mir, dann wandte sie sich zur Straße hin und sagte in gebrochenen Worten, als spreche sie in sich hinein: ›Die Straße geht an mir vorbei, man schaut mich nicht an.‹«

Er fuhr mit seinem Bericht fort: »Dann hörte ich, wie das Mädchen zu sich sagte: ›Ich werde einen Stein auf die Straße werfen.‹ Sie nahm einen Stein und warf ihn auf die Mitte der Straße. Ich erinnere mich nur noch daran, wie danach eine Unruhe über dem Ort ausbrach. Alle Menschen auf der Straße hielten an. Stimmen erhoben sich, es wurde geflucht. Als ich nach der Fremden suchte, sah ich sie dort stehen, wohin sie den Stein geworfen hatte. Ich weiß nicht mehr, was danach passierte. Eine Stunde später sah ich die Fremde wieder, wie sie ihren Schleier tiefer zog und zu einem Polizisten ins Auto stieg.«

Der Vater sagte zu sich selbst: »›In einer Stunde bin ich zurück‹, hat sie gesagt. Ganz sicher hat sie sich verirrt. Die Arme, sie kannte nur die paar Schritte um die Palme unseres Hauses herum. Ganz sicher hat sie sich verirrt.«

Eine Frau aus dem Dorf erzählte: »Ich überquerte die Straße auf meinem Weg zur Nachbarin. Es war frühmorgens. Ich sah ein Mädchen am Straßenrand stehen. Sie schaute angespannt zu den Passanten hinüber. Als ich mich ihr näherte, war sie nahe dran, sich auf die Straße zu werfen. Ich hielt sie an der Schulter. Ihre Augen waren ohne Glanz. Ich verspürte das Bedürfnis, ihren Kopf in meine Arme zu nehmen. Sie schien fremd hier zu sein. Ich hatte sie bisher noch nie im Dorf gesehen. Ich sprach zu ihr: Mein Kind, die Straße hat kein Erbarmen. Sie schaute mich an. Der Glanz war noch mehr aus ihren Augen gewichen, sie waren matter als Asche. Sie zog ihren Schleier bis über die Brust und stürzte sich in die Menge. Da waren vor allem die Fischer des Dorfs. Mein Mann erzählte mir, dass sie so lange bei den Fischern geblieben war, bis sie all ihre Fische verkauft hatten. Am Ende des Tages folgte sie einem von ihnen, ohne dass er sie bemerkte. Als er am nächsten Tag aus dem Haus ging, folgte sie ihm erneut, wie ein Schatten, und stieg in sein Boot. Als sie sein Netz mit einholte, bemerkte er, dass ihn eine Hand unterstützte. Dann erst sah er sie. Er bekam es mit der Angst zu tun. Er nahm sie und sperrte sie unter Deck. Als er mit der Arbeit fertig war, suchte er sie, aber er fand sie nicht. Man sagt, er habe den Aufprall eines Körpers aufs Wasser gehört. Als er jedoch hinsah, war da nichts außer einer Schar von Fischen.«

Der Vater sagte zu sich: »Meine Tochter hat eine Palme, die sie liebevoll gießt. Sie empfindet dabei viel Freude. Sie wird sich bestimmt erinnern, dass ihre Palme verdursten wird, und kommt dann zurück. Sie selbst hat ja gesagt: ›In einer Stunde bin ich wieder zurück.‹«

»Wenn ich sie so heranwachsen sehe, beobachte ich, wie sie immer mehr der Palme ähnelt. Sie nimmt ihre Züge an und wird von Tag zu Tag stiller. Als ich sie gezwungen habe zu reden, kamen ihre Worte nur gebrochen und unverständlich heraus. Sie hatte ihre Sprache verloren.«

Ein junger Mann aus dem Dorf erzählte: »Gegen Sonnenuntergang wollte ich zu Freunden gehen, um mit ihnen den Abend am Meer zu verbringen. Als ich die Straße überquerte, sah ich ein Mädchen. Mein Gott, ich hatte bisher noch nie eine solche Schönheit im Dorf gesehen! Als ich sie sah, blieb ich wie angewurzelt stehen. Ich hatte die Kontrolle über mich verloren, ging um sie herum, mal rückwärts, mal vorwärts, zögerte.

Ich sagte scherzend: Ein Blick …!

Sie schaute auf und lächelte.

Ich sagte: Schenk mir ein Lächeln, Dschamila, Schöne!

Sie sagte: ›Ich bin Ghariba, die Fremde.‹

Wo wohnst du?

›Dort hinten‹, sie zeigte in die Ferne, aber ich sah dort keine Häuser stehen.«

Der junge Zeuge fuhr fort: »Dann fuhren mehrere Autos in rasender Geschwindigkeit an mir vorbei. Gharibas Schleier fiel herunter. Ihr Kleid, das einer fernen Welle glich, schmiegte sich an ihren Körper. Sie war eine feuchte Rose im Wind. In mir drehte sich alles. Als ich zu mir kam, sah ich, wie ein langes schwarzes Auto um Ghariba herumfuhr.

Ich hörte, wie jemand aus dem Auto heraus ihr zurief: ›Du bist begehrenswert, deine zwei Vögelchen sind köstlicher als Wein …‹

Ghariba wiederholte: ›Begehrenswe…e…r…t?!‹

Er sagte: ›Du bist wunderschön, schöner als alle Schlösser der Welt.‹

›Ich bin Ghariba.‹

›Ich sehne mich danach, dich auszupressen und deinen Saft zu trinken. Ich habe Verlangen danach, deine zwei Vögelchen zu meinen Kissen zu machen, auf denen ich eine Ewigkeit schlafen werde. Komm näher heran, du Schöne!‹«

Der junge Mann fuhr fort:
»Ich sah, wie Ghariba ins Auto stieg inmitten des Straßenlärms und wie das schwarze Auto in höchster Geschwindigkeit davonraste.«

Der Vater sagte, während sich die Passanten um ihn herum versammelten: »Sie war mit ihrem hellblauen Kleid bekleidet, das einer fernen Welle glich. Sie sagte: ›In einer Stunde bin ich wieder zurück.‹ Meine Tochter ist ein liebes und schönes Kind. Wenn sie die Vögel am Himmel fliegen sah, hörte ich sie Laute von sich geben, die dem Zwitschern der vorbeifliegenden Vögel glichen. Sie kreiste immer um die Palme herum. Sie wollte fliegen. Ich sah sie oft, wie sie sich an die Mauer schmiegte, wenn sie den Lärm der Vorübergehenden draußen vor dem Haus hörte. Sie glitt an der Mauer entlang, bis die Geräusche nicht mehr zu hören waren. Danach wurde sie sehr traurig. Sie wusste nicht, wie sie sich aufheitern sollte. In letzter Zeit wurde mir klar, dass es ihr gelungen war, aus dem Fenster zu schauen. Dort verweilte sie Stunden und beobachtete die Straße. Sie sagte zu mir: ›In einer Stunde bin ich wieder zurück.‹«

Eine arme Frau aus dem Dorf sagte: »Auf dem Weg zum Krankenhaus, als ich die Straße überquerte, sah ich ein Mädchen, gepriesen sei Gott, der Schöpfer! Sie war schön wie eine Gazelle, aber sie fürchtete sich. Ich wunderte mich. Ich ging an ihr vorbei und hatte mich schon etwas von ihr entfernt. Als ich zurückblickte und sie immer noch dort stehen sah, ging ich zu ihr zurück. Ich sagte zu ihr, während ich ihren Kopf und ihre Brust verhüllte: Geh nach Hause. Es schickt sich nicht, dass ein Mädchen auf der Straße stehen bleibt. Sie schaute zu mir herüber und sagte: ›Die Straße sieht jetzt ganz anders aus als aus dem Fenster.‹«

Die Frau fuhr mit ihrer Erzählung fort: »Ich verstand sie nicht. Ich nahm ihre Hand, um mit ihr zurückzugehen. Sie zog die Hand zurück. Da ließ ich sie in Ruhe und ging ins Krankenhaus. Danach sah ich sie bei einer armen Straßenverkäuferin. Um sie hatten sich viele Leute versammelt. Die Verkäuferin hatte an diesem einzigen Tag so viel verdient, wie ihr in einem Dürrejahr ausgereicht hätte. Sie berührte das Mädchen und sagte zu ihr: ›Bleib bei mir, du bringst mir Glück.‹«

Eine Stunde später fand die Verkäuferin das Mädchen nicht mehr. Die Leute im Dorf erzählten sich, dass das Mädchen bei vielen anderen Verkäuferinnen gesehen wurde.

Der Vater sagte: »Sie liebt Vögel. Wenn sie einen Vogel sah, hob sie ihren Kopf und ihre Brust zu den fliegenden Vögeln hin und ließ ihre Stimme ertönen.«

Ein Schüler aus dem Dorf sagte: »Ich sah eines Morgens ein Mädchen auf der Straße. Sie gefiel mir. Ich versteckte sie in meinen Heften. Als ich sie während der Schulstunde anschauen wollte, fand ich sie nicht mehr.«

Ein alter Mann aus dem Dorf sagte: »Während ich mich mittags im Schatten der Moscheemauer ausruhte, sah ich eine junge Frau, die am Straßenrand stand und nahe dran war, in Ohnmacht zu fallen. Ich konnte ihre Herzschläge und ihre Atemzüge hören. Ich nahm sie an meine Seite. Sie blieb still. Dann ging sie weg.«

Ein Taxifahrer aus dem Dorf sagte: »Ich sah ein Mädchen am Straßenrand stehen. Ich hielt vor ihr an und bot ihr meine Dienste an. Sie stieg ein. Im Auto waren weitere Fahrgäste, die auf dem Weg zur Arbeit waren. Ich brachte den ersten von ihnen zu einer Behörde. Die Fremde stieg mit ihm aus. Ich versuchte, sie daran zu hindern, da wehrte sie sich. Später erfuhr ich, wie sie mit ihm in die Büros ging und zwischen den Beamten hin und her lief. Sie setzte sich zu ihnen und schaute ihnen bei der Arbeit zu. Sie boten ihr Tee und Süßigkeiten an. Sie nahm sie dankend an und beobachtete die Leute weiter. Schließlich begannen sie, sich vor ihr zu fürchten. Einer nahm sie und brachte sie hinaus. Sie kam zurück. Sie brachten sie wieder hinaus und schlossen hinter sich ab. Sie ging aber erneut hinein und schaute ihnen so lange ins Gesicht, bis sie ihre Akten nahmen und nach Hause gingen. Einer von ihnen ging auf halbem Wege nach einer Stunde wieder zurück. Er sagte: ›Ich hatte sie im Büro mit den Akten total vergessen und hinter ihr abgeschlossen. Aber ich fand sie dort nicht mehr.‹«

Der Vater sagte: »Sie zog sich schrecklich langsam in die Straße zurück.«

Nachdem die Leute aus dem Dorf eine Stunde lang ihre Zeugenaussagen gemacht hatten, kamen andere mit Fakten.

Ein Mann sagte: »Vor einer Stunde fand ich am Straßenrand die Leiche einer jungen Frau. Ihr Gesicht war entstellt.«

Der Vater sagte: »›In einer Stunde bin ich wieder zurück‹, hat sie gesagt.«

Eine Frau aus dem Dorf sagte: »Vor einer Stunde haben wir die Leiche eines schlimm zugerichteten Mädchens begraben. Man hat das arme Kind so verunstaltet, dass man es nicht mehr erkennen konnte.«

Ein Kind sagte: »Ich habe am Strand gespielt. Nach einer Stunde sah ich die Leiche eines Mädchens, über die hinweg die Meereswellen rollten. Ihre Augen waren leblos, ebenso ihre Hände und Beine. Ihre Augen waren geschlossen, sie lächelte.«

Ein alter Mann sagte: »Vor einer Stunde fand ich vor meinem Haus einen Karton. Ich öffnete ihn und fand darin Teile, die zum Gesicht eines Mädchens gehörten. Ich fügte sie zusammen. Das Gesicht des Mädchens ähnelte einem fliegenden Vogel, barmherziger Gott!«

Der Vater sagte: »Ich höre sie immer noch sagen: ›Ich bin eine Gefangene.‹«

Die Palme erzählte von einem Vater in unserem Dorf, der seine Tochter gefangen hielt. Eines Tages sagte sie – mit Hennaduft parfümiert – zu ihm: »Eine Stunde, dann bin ich wieder zurück.« Der Vater wartet, weint und lacht.

Etihad … Kaliedsch … Bayan

Nasser al-Dhahiri

Wenn sich die Räder seines Fahrrads zu drehen beginnen, gibt es noch ein paar nächtliche Spuren von Ko'hl in den Augen der Morgendämmerung. Abdulrahim verlässt die nassen Gassen. Seine Füße, an die grünen Kunststoffschlappen gewöhnt, berühren kaum die Pedale. Er verlässt die Gasse wie ein nebliges Gespenst, mit einem viel zu großen Tuch um den Kopf. Er dreht den Arbeiterwohnungen, die an Konservendosen erinnern, den Rücken zu. Er verschließt seine Nase vor all dem Gestank, schleicht sich lautlos davon und fährt den gewohnten Weg entlang, gefolgt vom Rauch seiner indischen Biri, der aussieht wie ein Aschefaden. Die Klingel seines chinesischen Fahrrads meldet einmal sein Vorbeifahren am Haus seines Kollegen und ein anderes Mal seine Ankunft an der Druckerei.

Ohne auch nur hinzusehen, verschnürt er seine Zeitungen, belädt damit die Satteltasche, die hinten am Fahrrad befestigt ist, und vergiftet dann seine Lunge mit der nächsten Zigarette. Der Inhalt der Teekanne nimmt um eine Tasse ab, die Gespräche, die er mit seinen Kollegen führt, hören sich an wie das Klackern von Kieselsteinen. Sie sprechen über den Tod des Arbeiters vom Reinigungsdienst. Die Druckerei rauscht noch im Hintergrund, doch ihre Stimmen übertönen den Lärm.

Ihre Zeitungen, ihren Lebensunterhalt und ihre vergessene Welt mit sich tragend, zerstreuen sie sich ebenso, wie sie gekommen sind.

Jetzt beginnt Abdulrahims Morgen. Gefühle der Bedrückung und der Angst und ein pockennarbiges Dienstagsgesicht. Welche Trauer ist das, die ihm die Freude an der Morgendämmerung nimmt? Der Tod des Reinigungsarbeiters Faruq. Dieser Faruq war dunkelhäutig und dünn wie er selbst und kam aus derselben Stadt. Abdulrahim klingelte mit seiner chinesischen Fahrradklingel und ließ das metallene Geräusch weiterklingen, um die bedrückenden Gedanken an das Begräbnis zu vertreiben und die noch träumende Morgendämmerung der Stadt aufzuwecken.

Seine Füße machten die tägliche Runde. Seine Morgendämmerung begann in Richtung der großen verschlossenen Tore. Ein Gefühl der Verwaistheit beherrschte ihn jedes Mal, wenn er ihnen näher kam. Er hat sich nicht an sie gewöhnen können; sie würden sich ihm nie öffnen. Er wirft wie jeden Tag die Nachrichten der Welt in ihre Briefkästen und geht, ohne dass sie ihn hereingebeten haben oder er es wagt, das Erwachen des Morgens in ihren Augen zu sehen.

Wenn er zu seiner gewohnten Stelle aufbrach, war er längst nicht mehr so eifrig wie im ersten Monat. Er hatte das Gefühl, als flösse Quecksilber in seinen Adern und dringe aus allen Poren seines Körpers. Es behinderte ihn beim Fahrradfahren und machte die Füße schwer. Sogar den Zigarettenstummeln – der Energie für den Weg – war es nicht möglich, ihn aus der nutzlosen Zerstreutheit und zähen Langeweile herauszuholen.

Bis sich Abdulrahim an der Kreuzung der vier Straßen niederlässt, hat die Sonne bereits etwas von seinem Aussehen enthüllt. Dünn ist er und schwarz wie die Federn eines Raben.

Die Hälfte seiner grünen Hose ist von einem Hemd verdeckt, das einst dunkelblau war und dessen untere Taschen wegen des Gewichts der metallenen Dirhams darin ganz ausgebeult sind. Von jetzt an würde er ständig den Kopf hin- und herdrehen und die Augen in alle Richtungen schweifen lassen. Er muss seinen Platz verlassen, sobald die Straßen leer werden, und schnell über die Straße kommen, bevor das nächste Auto eintrifft.

Der Asphalt bebt unter seinen Füßen und meldet das Kommen von Autos, die sich im Inneren der Stadt niederlassen werden. Einige von ihnen stürmen vorwärts, ihnen fehlt der Glanz des Morgens. Andere sind beschwert mit der Last der monatlichen Ratenzahlung an die Bank. Sie fahren vorbei, halten vor seinen Füßen an, und ihre Hände ziehen sich die Zeitungen aus dem Bündel. Gesichter, die gebetet haben, lächeln ihn an. Münder, die noch nicht gefrühstückt haben, rufen ihn. Sie verfluchen die Munterkeit am Morgen, die Hefte, in die sie ihre Anwesenheitszeit bei der Arbeit eintragen müssen, und die Gesichter ihrer Vorgesetzten. Währenddessen erhebt er seine Stimme: »Etihad, Kaliedsch, Bayan.«

Wenn die Scheiben der vor ihm anhaltenden schnellen Autos heruntergelassen werden, weiß Abdulrahim von allein, welche Zeitung gewünscht wird oder wie viel von den zehn Dirham, die ihm die Person im Auto vor einer Woche gegeben hat, noch übrig sind. Und er weiß auch, welcher von diesen gezwirbelten Schnurrbärten auf das Erscheinen der Frauenmagazine wartet. Kleine Details bestimmen Abdulrahims Tag. Zwischen ihm, den Personen und Autos, zwischen seinem Lächeln und dem Nicken der Vorbeifahrenden besteht eine Art fragmentarische Beziehung. Er kann die Persönlichkeit eines Menschen an dessen Hand erkennen. Dicke, behaarte Hände, die einen Ring mit einem großen Stein tragen, findet er am reizvollsten, während ihn die übermäßig gepflegten Hände mit den rosafarbenen Nägeln zum Lachen bringen. Der Anblick des weißen Mercedes, der sich an den Boden schmiegt, wenn er zum Stehen kommt, erfreut immer wieder sein Herz. Seinen Besitzer hingegen kann er kaum ertragen, wenn dieser in der Nase bohrt, als würde er an seiner Schädelhöhle kratzen.

Abdulrahims Tanz auf diesen Straßen hindert ihn jedoch nicht daran, mit der den Indern eigenen Neugierde für alles Neue seine Beobachtungen anzustellen. Die mitgebrachte Teekanne würde leer werden, bevor er nach Hause zurückkehrt, die neue Zigarettenschachtel reicht kaum bis dahin. Von Zeit zu Zeit schaut er nach seinem angeketteten Fahrrad vor der Cafeteria Muhiddin. Das Fahrrad war im Gewebe seiner Träume von dem Land am Golf nie ein Teil gewesen. Seine Träume waren die eines armen Menschen vom Lande, Träume von Luxusgegenständen.

Der wirklich verrückte Teil des Tanzes von Abdulrahim dauert von sieben bis zehn Uhr. Danach springt er nur noch von Zeit zu Zeit. Schulbusse fahren an ihm vorbei, aus denen er Geschrei, Gelächter und Stimmen wie das Girren seiner beiden Töchter hört. Er gibt allen Autos Geleit, staatlichen, privaten, militärischen oder jenen, die in den Jahren des Ölbooms als Geschenke verteilt worden waren. Als er sich vor sieben mageren Jahren von seiner Frau und seinen Töchtern verabschiedete, war sein Wunsch, mit einem Auto und vielen Sachen, die sie gern haben wollten, zu ihnen zurückzukehren. Er wirft einen Blick auf sein Fahrrad, seine Hand fährt gegen den Strich seines unrasierten Bartes.

Eine rote Ampel, Autohupen, rufende Finger und ein schneller Rundblick, der an einer spiegelnden Glasscheibe hängen bleibt. Er ruft: »Etihad, Kaliedsch, Bayan.« Er springt. All seine Sinne beteiligen sich an seinem spiralförmigen Umherhuschen zwischen den Autos. Innerhalb der wenigen Minuten, in denen die Autos halten müssen, muss er alle nach ihm ausgestreckten Hände bedienen. Er muss den Tanz der halb nackten Füße beenden, bevor die Ampel ihr grünes Auge wieder öffnet.

Er steht da, bereitet sich auf einen neuen Tanz vor, schaut auf sein Zeitungsbündel, das an den Rand des Bürgersteigs gelehnt ist, füllt sein leer gewordenes Bündel, das er auf dem Arm trägt, wieder auf und erinnert sich. Einmal bedrängte ihn die Frage nach dem Nutzen dieser Zeitungen. Was ist das Geheimnis der Beziehung zwischen ihnen und den Menschen? Die Frage machte ihm Angst, und er verdrängte sie sofort aus seinem einfachen Verstand. Und auch in seinen regelmäßigen Briefen an seine Frau erwähnte er sie nicht. Er befürchtete, dass sie seinen Job für minderwertig halten könnte.

Als er früher darüber nachgedacht hatte, hierherzukommen, hatte er sich viele Tätigkeiten vorgestellt, die er ausüben könnte. Aber der Job des Zeitungsverkäufers war eine Notlösung – seiner Frau zuliebe, deren Augen so glücklich schauten, wenn sie ihm diese Dinge aufzählte: Fernseher, Kühlschrank, Mixer, bunte Kleidung und goldene Armbänder. Wenn er diesen Besitzerstolz in ihren Augen sieht, verlangt er von ihr, an nichts anderes als die Erziehung seiner beiden Töchter zu denken.

Dieses Mal nun schrieb er ihr das, was er bei seiner Abreise oder in seinem wöchentlichen Brief nicht sagen oder schreiben konnte. Er erklärte ihr zum ersten Mal, dass er keine Kraft mehr hatte, länger zu bleiben, dass er sich seit einiger Zeit am Ende der Nacht ganz zerschlagen fühlte und die Kälte der sich ihm verweigernden Stadt spürte, dass er die Rückkehr zu ihr und seinen beiden Töchtern vorzog und sich mit dem wenigen Geld, das er in seiner Stadt Madras verdienen würde, begnügen wolle. Er tastete nach dem Brief, der sich noch in seiner Tasche befand.

In diesem Moment zündete er sich eine Zigarette an und atmete tief ein.

Er steht vor einem kleinen Auto, dessen Fensterscheibe sich geräuschlos senkt, eine sommerlich gekleidete Frau – frisch und weich wie Milchschaum – kommt zum Vorschein. Er lächelt sie aus tiefstem Herzen an, sie hebt ihre Hand, nimmt sich mit spitzen Fingern eine englische Zeitung aus seinem Bündel. Er wirft einen Blick auf ihre nackte Achsel. Er erzittert, seine Füße kommen durcheinander, und er flüchtet zu einem anderen Auto. Ganz entzückt ruft er: »Etihad, Kaliedsch, Bayan.«

Er verflucht diese Verwirrung, die die Körperorgane beim Erfüllen ihrer Funktion stört und ihn dazu bringt, an seine Frau zu denken. Einmal begehrt er sie und erinnert sich an Momente mit ihr, die ihn Freude verspüren lassen. Ein anderes Mal sieht er in ihr nur ein Stück rohes Fleisch und denkt misstrauisch an sie, aber alsbald vertreibt er dieses Misstrauen und verflucht es in seinem Innersten. In Gedanken sehnt er sich nach ihr und seinen beiden Töchtern, während er zwischen den Autos umherspringt. Er denkt an die Rundungen der Schultern der sommerlich gekleideten Frau, und der weibliche Schweiß in der grasreichen Höhle kommt ihm wie Morgentau vor. Er rennt zurück und hockt sich müde und erschöpft auf den Bürgersteig.

Der weiße Mercedes hält. Abdulrahim steht auf und freut sich wie ein Kind. Er lächelt den Fahrer an, der diesmal nicht mit den Absonderungen aus seiner Nase beschäftigt ist. Er durcheilt vergangene Zeiten, erinnert sich an einen Jungen – schwarz wie Teer –, der in schmutzigen Teichen und Morast spielte. Er erinnert sich an das schwarz gewordene T-Shirt, die kurze zerrissene Hose, an vorzeitig beendete Schulausflüge und an Freunde, von denen er nicht weiß, wo sie jetzt sind.

Er sah den Mercedes mit begehrlichen Augen an, nachdem er ihn mit seinem Herzen gestreichelt hatte. Er fragte sich: Warum hat dieser Mann noch kein einziges Mal daran gedacht, eine Zeitung oder ein Magazin zu kaufen?

Der Mann lächelte Abdulrahim an, und der Mercedes fuhr schnell los, sobald die Ampel auf Gelb schaltete. Er trug das Lächeln seines Fahrers und den Wunsch nach dem Besitz mit fort. Von Weitem erschien er ihm in seinen Augen wie geronnene Milch, wie ein weißer Sarg, der vom Mittagswind getragen wird. Man sah kaum sein Rücklicht, wenn er an der Ampel stand: der roten ... der gelben ... der grünen ... der roten.

Erstarrung eines glänzenden Auges ... das Geräusch einer Bremse ... Huptöne ... Bremsgeräusche ... der Gestank qualmender Reifen, eine durstig machende Sonne und kalte Extremitäten ... eine menschliche Stimme zerreißt ... verstreute Zeitungen ... Hupen ... ein Briefumschlag ... eine fast leere Zigarettenschachtel, grüne Schlappen, die umgedreht auf dem Asphalt liegen ... verstreute Münzen ... ein Glasauge ... und ein angekettetes Fahrrad vor der Cafeteria Muhiddin ... eine rote Ampel ... gelb ... grün ... eine Ansammlung von Menschen ... röchelnde Atemzüge und Fragen und Antworten, die aus den Autos herauskommen: »Er wurde zerquetscht ... zerschmolz mit der Tinte der Zeitung.«

»Er verkohlte in der Glut unseres Mittags ... unseres Asphalts ... unserer Räder.«

»Man sagt, er habe sich mit seinem ausgemergelten Körper in einer Kolumne der Zeitungen, die er verkauft hatte, niedergelassen.«

»Er flog wie Asche in die Augen der Stadt, die ihn nicht mochte und die er nie kennengelernt hat.«

Augen glotzen, ohne sich umzudrehen ... eine Sonne beschattet die Köpfe, und eine Stadt erbricht die Autos des Morgens, um sich auf ein leckeres orientalisches Mittagessen vorzubereiten … eine rote Ampel … eine gelbe … eine grüne … eine rote … eine rote … eine rote …

Die Augenzeugen

Habib As-Sayigh
(Der Tod des Zeitungsverkäufers »Madikal«).
Aus Kerala, sein Ausweis war in seiner Tasche.
Seine Geliebte graviert ihr Lächeln in sein Herz ein.
Die Passanten der Straße, des Cafés und der erwürgten Bürgersteige hören ihn.
Er flüstert ihnen jeden Morgen zu: Good morning.

Eines Tages jedoch war seine Zeit gekommen.
Ein Taxi hat ihn getötet.
Herzliches Beileid.
Auf derselben Straße.
An der bitteren Ecke.
Hinter der mit den Konten der Herren angefüllten Bank.

Khalil Qandil:
(Kuti)
»Kuti … steht aufrecht an der Ampel, mager und dunkelhäutig, von jener dunklen Hautfarbe, die die Sonne Asiens verursacht … Er streckt einen mageren Arm aus, in der Hand eine Zeitung und unter seiner Achsel die anderen, sein leichter Körper hilft ihm, sich fortzubewegen. Und auf einmal rast ein verrücktes Auto los und fährt Kuti über den Haufen. Der magere Körper fliegt in die Luft und fällt dann auf die Kühlerhaube des Autos. Er rutscht vor die Räder. Seine Schläfe berührt

den heißen Asphalt. Kutis Augen bewegen sich träge in ihren Höhlen, und er schließt sie.«

Mahmud Bukakilat:
Sein Freund, mit dem er die Wohnung und die Fremde teilt. »Seine Frau hat ihn getötet … und das Traumauto … und die Stadt, die keine Gnade kennt.«

Richard Dean Anderson:
»Wenn du an der gelben Ampel anhältst, verpasst du eventuell etwas Wichtiges auf dem Weg, und wenn du noch schnell weiterfährst, gehst du das Risiko ein, einen Unfall zu haben … so ist das Leben.«

Spiegelbilder

Rauda al-Balushi

Die Mädchen wecken in seinem Inneren die Geißel der Lust, er spürt seinen dürren Körper vor Hunger nach einer Lehmfrau glühen. Wie Wölfe fallen seine Augen über sie her, wann immer sein Blick in den gewölbten Rückspiegel fällt. Unverschämt starrt er in die femininen Gesichter der Schulmädchen, die genau hinter ihm hocken. Plappernd erzählen sie sich ihre Geschichten und machen die abgenutzten Sitze zur Bühne für süße Späße, deren tieferen Sinn er nicht versteht, doch er liebt die Primitivität ihrer Verlockungen. Und wenn Hissa ihre kurze Abaya abstreift, wünscht er sich, der Abstand zwischen ihm und dem Spiegel würde verschwinden, damit er einen besseren Einblick bekommt, einen Einblick aus nächster Nähe und mit weniger Scham. Er behält alle Einzelheiten im Kopf, um sie sich abends in Erinnerung zu rufen, wenn er alleine daliegt und sich in seiner von Mädchen angefüllten Fantasie zu ihrer aller Liebhaber macht.

Seit fünf Jahren schon arbeitet er als Fahrer desselben alten Busses, aber die Mädchen sind jedes Jahr andere. Junge Mädchen in der Phase des Erwachsenwerdens und aus der Nachkommenschaft von Eva, der Besitzerin des Apfels, die sie alle ins Verderben gestürzt hat. Sie verabscheuen seinen um den Kopf geschlungenen Turban, sie verabscheuen auch seine seltsam fremde Sprache, wenn er sie begrüßt oder durch das Fenster mit einem seiner Busfahrerfreunde plaudert. Die eine oder andere zögert auch nicht, ihn mit scharfer Zunge zu beschimpfen, und trotz des Unterschiedes der Sprachen vermag er die darin liegende Verachtung zu erkennen. Doch es ist vor allem die Leichtfertigkeit einer weiblichen Stimme, die seine Gestalt erstarren lässt und seine Männlichkeit verletzt, wie es kein Dolchstoß tun könnte.

Hissa hastet ihren Kameradinnen hinterher und steigt kokett die zwei Stufen zu ihm herauf. Vier Ellen von ihm entfernt baut sie sich auf und verwandelt sich listig in eine andere Persönlichkeit, die ihn in Verlegenheit stürzt. Sie unterdrückt ein schlaues Lachen, wenn sie ihn mit ihrer üblichen Begrüßung anspricht: »Herr Fayrus, wie geht es dir?«

Der Duft ihres Parfums verbreitet sich und kitzelt seine Nase. Seine Rippen verkrampfen sich, wenn er den Atem anhält, und ein starker Rausch erfasst seinen Brustkorb. Er wendet ihr sein Gesicht zu, nimmt die Frische ihres Körpers wahr, würgt seinen Speichel herunter und lässt ein dümmliches Lächeln auf seinem Gesicht erscheinen: »Gut, Gott sei Dank.«

Sie verkürzt die Entfernung von vier Ellen auf drei. Er atmet ihren Weihrauchduft ein, und sein Blut wird plötzlich zu einer wilden Flut, die den lauernden Tiger in ihm erweckt. Sie stellt ihm wie jedes Mal dieselbe spielerische Frage, ihren Blick halb auf ihre Freundin gerichtet, die genau hinter ihm sitzt: »Fayrus, kannst du singen?«

Einen Augenblick lang schweigt er, bevor er seine übliche Antwort zusammensammelt, die er immer wiederholt, genauso monoton, wie sich seine Tage wiederholen.

»Kann ich nicht.«

Sie tritt ein in den Schwall des unterdrückten Gelächters, und seine Gedanken ballen sich zu einem Kokon aus Verlegenheit zusammen. Während sie mit ihren eleganten Absätzen zu den hinteren Sitzen klappert, studiert er die Einzelheiten ihres Rückens.

Seine Augen schauen wieder und wieder in den Spiegel. Die Mädchen verdichten sich in ihm, beschmieren ihn in all dem Geplapper mit ihren Reizen, gleichgültig gegenüber der sich anstauenden Flut in seinem Inneren.

Der Spiegel entführt ihn in eine andere Zeit. Er begegnet dem Bild seiner Schwester in der Heimat. Die Gesichtszüge seines Vaters, der bei einer Stammesfehde ums Leben kam, sind dem Vergessen zum Opfer gefallen. Durch seine Sinne strömt der Geruch des Lehmhauses, das ihnen kalte Nächte und schwarze Tage ohne Decken gebracht hat. Er versucht, sich an das Gesicht seines kleinen Bruders Aschraf zu erinnern, an die Größe der abgetretenen Türschwelle, an die Farbe der abgenutzten Matte, an das schöne Muttermal auf dem Gesicht seiner älteren Schwester. Doch Hunderte von Tagen, die er weit weg von ihnen verbracht hat, hindern ihn daran. Er kann sich nur noch daran erinnern, dass das Letzte, was er mit ihnen geteilt hat, scharf gekochte Linsen gewesen waren und ein Stück warmes Brot beim Abendmahl. Er erinnert sich auch an das Gesicht seiner Cousine Subeida, die in ihrem Umhang vor der Mauer des Hauses hockte und die Vorübergehenden beobachtete, ihre blauen Augen auf den lärmenden Gehweg gesenkt, der von nackten Füßen wimmelte, bedeckt von staubiger Hitze oder Kälte. Nur seine Mutter ist in seinem Gedächtnis vollkommen lebendig, im letzten Moment des Abschieds, als sie ihm eindringlich ihr geheiligtes Vermächtnis ans Herz legte. »Mein Sohn, bleib nicht zu lange fort. Bewahre dir deine Gebete und deine Gesundheit!«, bat sie und trocknete ihre schweren Tränen mit einem Zipfel ihres Gewandes.

Als die Straße leer vor ihm liegt, fährt er schnell, um die verlorene Zeit wieder einzuholen. Da überrascht ihn eine der Fahrbahnschwellen, und bevor er es verhindern kann, prallen die Räder hart dagegen. Die zarten Körper werden durcheinandergeworfen, die Mädchen stöhnen auf vor Schmerzen und Schrecken. Sogleich ertönt von den hinteren Sitzen eine wütende Stimme: »Mach doch die Augen auf, du Ochse!«

Und er macht seine Augen auf und schaut nach hinten, will im Spiegel nach der tückischen Besitzerin der Stimme suchen. Er weiß, dass er ihr nichts, ganz und gar nichts entgegensetzen kann, denn er besitzt kein Mittel der Gegenwehr, nichts als sein übliches Schweigen. Er muss sich diesen Broterwerb erhalten und versuchen, den Schlägen der Zeit auszuweichen. Doch als er seine Augen auf den Rückspiegel lenkt, um nach hinten zu schauen, fährt ihm ein verzweifelter Schock in die Glieder, denn der Spiegel zeigt ihm nichts als zersplittertes Glas.

Enge Räume

Ibtisam al-Mu'alla

Als sie sich kennenlernten, reichte sie ihm die Hand zum Gruß. Er hob seine Augenbrauen und wiederholte ihren Namen:

»Ah, Huda! So heißt meine Tochter auch.«

Vom ersten Augenblick an spürte sie eine deutliche Abneigung gegenüber diesem dickleibigen Mann mit dem von Pocken gezeichneten Gesicht.

In dem Raum, der gerade für zwei Personen ausreichte, befragte er sie und ihren Kollegen zügig, wie ein erfahrener Ermittler, nach dem Material, an dem sie beide arbeiteten, über ihre persönlichen Leistungen und Erfolge, und darüber, wie sie das Interesse der Leserschaft aufrechterhielten. Sie hatte vor, ihrem Ehemann von der Ankunft des neuen Abteilungsleiters zu erzählen, der die Stelle nach Wochen der Vakanz angetreten hatte. Sie und ihr Arbeitskollege hatten sich vorher mit der Redaktion des Kultursektors der Zeitschrift abgewechselt. Und sie wollte ihrem Mann von ihrem ersten Eindruck berichten, der zunächst nur eine Empfindung war. Aber sie ließ von ihrem Vorhaben ab, weil sie ihn auf die Uhr blicken sah, kaum dass sie eingetreten war.

Er interessierte sich in keiner Weise für ihre Arbeit, sagte sie sich selbst. Warum sollte sie einen nutzlosen Stein ins Wasser werfen, der die Oberfläche des Sees noch mehr aufwühlte? Er erzählte ihr auch nichts von seiner Arbeit, oder besser gesagt, er hatte aufgehört, von seiner Arbeit zu erzählen, seit sie darüber gestritten hatten, wie viel Zeit ihnen diese Art Gespräche von ihrem Leben stahl.

Das erinnerte sie daran, dass ihre Bedingung vor der Hochzeit gewesen war, weiterhin arbeiten gehen zu können. Er hatte damals großmütig zugestimmt und versichert, dass er ihren Entschluss respektierte, wenn sie dies zufriedenstellte.

Er hatte gelogen. Das wurde ihr einige Zeit nach ihrer Hochzeit bewusst. Es bedeutete nicht, dass sie deshalb nun ihre Ehe auflösen wollte, sondern vielmehr, dass sie ihm genug Zeit lassen wollte, sich mit ihrer Tätigkeit anzufreunden.

So versuchte sie, sich selbst zu überzeugen, und ging weiterhin ihrer Arbeit bei der Zeitschrift nach.

Zwei Wochen später befand sie sich in einer der Besprechungen, die der Abteilungsleiter »Konstruktive Gespräche« nannte. Sie hingegen empfand sie nicht als konstruktiv, sondern fühlte sich dabei in Bezug auf die Texte, die sie gelesen hatte und deren Publikation sie gutgeheißen hatte, provoziert.

Er fragte sie: »Hat Ihnen die Geschichte gefallen?«

»Ja, ich fand sie gut.«

Er sagte herablassend, mit dem Manuskript in der Hand vor ihr stehend:

»Ist Ihnen je ein Ausspruch Tschechows untergekommen? Jener, der sagt: ›Wenn uns der Schriftsteller am Anfang seiner Geschichte darüber unterrichtet, dass ein Gewehr im Zimmer hängt, dann sollte die Geschichte nicht enden, ohne dass das Gewehr benutzt worden ist?‹ In dieser fünfseitigen Erzählung gibt es Dutzende von Dingen, die nur zur Dekoration aufgehängt sind. Sie haben für die Geschichte keinerlei Bedeutung.«

Seine Bemerkungen provozierten sie. Nachdem sie einen Schluck aus ihrer Kaffeetasse getrunken hatte, erwiderte sie:

»Aber Proust sagt, dass der Schriftsteller so schreiben soll, als sei er ein Tennisspieler ohne Netz.«

Er verzog den Mund, und es schien ihr, als schüttele er seinen Kopf: »Proust ist ein Dichter, meine Tochter. Schreiben Sie Dichtung?«

Seine überraschende Frage verärgerte sie, ebenso wie sie sich über seine ständige Anrede »meine Tochter« empörte. Sie fühlte sich, als sei er ein Riese, der mit erhobenem Zeigefinger vor einem kleinen Kind steht und es zurechtweist.

»Manchmal, wenn ich mich vom Leben loslösen will, dann dichte ich, ja!«

Er hob erneut seine Augenbrauen, dann ergänzte er seine Frage:

»Schreiben Sie zeitgenössische Dichtung?«

»Es gibt keine alte oder moderne Dichtung, so wie ich es verstehe, Professor. Es gibt Dichtung oder eben keine Dichtung.«

Sie hörte verhaltenes Lachen, dann sagte er auf Englisch, mit starker Betonung des Rs:

»Umm … That's interesting.«

Er legte die Erzählung beiseite und setzte sich hin, um die anderen Unterlagen zu inspizieren, die mit der Post für die Zeitschrift angekommen waren, während sie seinen großen, von Weiß umkränzten Kopf und die Poren seines fremdartigen Gesichts betrachtete. Beim Gehen fühlte sie ein Unbehagen, das sie nicht überwinden konnte.

Als sie nach Hause kam, hatte das Dienstmädchen das Mittagessen angerichtet. Ihr Mann hatte bereits angefangen zu essen, neben sich die Fernbedienung, damit ihm, wie er sagte, die gleichzeitige Verdauung von Essen und Nachrichten, leichter falle.

Er beachtete sie nicht, als sie eintrat, und sie platzte heraus:

»Bestrafst du mich, weil ich wie du arbeite?«

Er schüttelte das Essen von seiner Hand und verließ den

Raum in Richtung seines Zimmers. Er ließ sie vor Bushs Gesicht auf dem Bildschirm stehen.

Insgeheim sagte sie sich, dass das, was in der Welt geschah, nicht schlimmer als der schweigende Kampf zwischen ihr und ihrem Mann sein konnte.

Sie folgte ihm ins Zimmer und fragte ihn, ob sie miteinander reden könnten. Sie bat ihn inständig darum.

Er verlieh seiner Einstellung bezüglich ihrer Arbeit noch einmal Ausdruck und äußerte sich über den Druck, den sie mit nach Hause brachte.

»Jede Arbeit bringt ihre Unannehmlichkeiten mit sich, und die nimmt man mit nach Hause. Die Arbeit in der Redaktion ist keine Ausnahme.«

»Okay, gut. Dann hör auf damit! Schau dich selbst einmal im Spiegel an.«

Sie überlegte, was der Spiegel mit ihrer Arbeit zu tun haben könnte, und ob es um ihr Aussehen oder um ihr Eheleben ging, das in den ersten Monaten all seine Schönheit aufgezehrt und seinen Glanz und seine Farben verloren hatte. Es war nichts geblieben, worüber sie sprechen oder gemeinsam lachen konnten. Aber sie fürchtete sich, dies auszusprechen, weil er dann glauben würde, sie sei zu dumm, zu verstehen, worauf er mit seiner Bemerkung abzielte.

Um ihm keinen Anlass für eine Zurechtweisung zu geben, fragte sie ihn:

»Kostet es dich Mühe, zu lesen, was ich vergangene Woche geschrieben habe? Dann würdest du bestimmt begreifen, was ich den Lesern sagen möchte, die immer noch begierig die klassischen Schriftsteller verschlingen und nur die Zeilen lesen, die vor ihnen liegen?«

Er zeigte auf die Bücher, die auf dem Tisch neben dem Bett lagen, und sein Mund verzog sich mit der gleichen Missbilligung, die der Abteilungsleiter gezeigt hatte:

»Liest du all diese Bücher, um jene Fachausdrücke zu benutzen, die deinen letzten Artikel füllen? Denkst du, dass du auf diese Weise die Leute ermutigst, aus dem Kreis ihres althergebrachten Analphabetentums herauszukommen, wie du es nennst?«

Es erstaunte sie, dass er den Artikel gelesen hatte. Aber noch erstaunlicher fand sie, dass er darauf mit solch abscheulicher Oberflächlichkeit herabblickte. Sie fühlte, dass das Gespräch mit ihm nirgendwo hinführen würde, und hielt es für das Beste, schnell etwas zu essen und dann ein wenig zu schlafen, um zu den Manuskripten zurückkehren zu können, die sie nach Hause mitgenommen hatte.

Als sie aufwachte, war ihr Mann nicht im Haus. Sie blätterte durch die Textseiten, rief dann den Abteilungsleiter an und teilte ihm mit, dass sie müde sei und er von ihr nichts mehr zu erwarten habe.

»Aber die Arbeit muss erledigt werden! Sie können nicht einfach nach Lust und Laune aufhören, meine Tochter.«

»Ich sagte, dass ich müde bin. Müdigkeit unterscheidet sich von einer Laune.«

Sie hörte Schweigen auf der anderen Seite und stellte sich vor, wie er spottend seinen großen Kopf über sie schüttelte, und sie ergänzte nervös, und ohne über ihre Worte nachzudenken: »Außerdem bin ich nicht Ihre Tochter, Professor.«

Sie sagte es und legte den Hörer auf.

Sechs Briefe

Muhammad al-Murr

Bombay, den
1. Oktober 1970

An meinen lieben Bruder, den verehrten Abdullah Khalifa,

wir sind vor einer Woche in Bombay angekommen. Onkel Salim hat sich sehr nach der Stadt gesehnt und benimmt sich eher wie ein Tourist denn als Patient. Ich wusste, dass seine Krankheit gefährlich ist. In den Krankenhäusern in Dubai hatte man uns nämlich nicht viel darüber gesagt, sondern uns empfohlen, ihn im Ausland behandeln zu lassen. Zuerst sind wir ins Hotel Orient in der Nähe des Obst- und Gemüsemarkts gezogen. Dort war es wirklich sehr günstig, aber schmutzig, und die Mäuse, die zwischen den Zimmern umherlaufen, sind größer als die Katzen. Nach zwei Tagen sind wir dann ins Apollo in Colaba umgezogen, das etwas teurer ist. Das Zimmer kostet pro Tag dreißig Rupien, das Hotel ist dafür aber auch sauber. Ahmad Khalfan hat uns auf dieses Hotel aufmerksam gemacht. Er ist der Einzige aus Dubai, der auch dort wohnt. Die meisten anderen wohnen im Musafir Khane, im Orient, im Metropol oder im Suna Mahal.

Ahmad Khalfan ist ein ehrenwerter Mann. Er hat uns geholfen, Onkel Salim zu überzeugen, sich im Krankenhaus behandeln zu lassen. Er hat uns auch die Aufnahmeprozedur im

Bombay Hospital erleichtert, da er dort viele Ärzte kennt. So hat er sich dort selbst bereits mehrfach behandeln lassen, unter anderem einen Bruch, Hämorrhoiden, ein Geschwür und den Blinddarm. Sehr begeistert und ausführlich hat er mir von seinen Behandlungen erzählt. Wie er ins Krankenhaus gekommen sei und von seinen Scherzen mit den Krankenschwestern, von der Freundschaft mit den Ärzten und von der Narkose. Von dem Gefühl, als er aus der Narkose erwachte und sich im Aufwachzimmer mit den anderen Patienten wiederfand. Wie sie ihm nach der Operation das aus seinem Körper entfernte Stück brachten, damit er es sich anschauen konnte. Wer ihm zuhört, wie er so von seinen Operationen erzählt, bekommt doch tatsächlich den Eindruck, eine Operation sei ein Spaziergang, eine unterhaltsame Erfahrung ohne Schmerzen, aber dafür voller Anekdoten und freudiger Momente.

Im Krankenhaus haben sie mit Onkel Salim jede Menge Tests und Untersuchungen gemacht. Sie haben uns gestern gesagt, dass das Ergebnis in drei Tagen vorliegen werde, und so warten wir nun. Gestern habe ich auch den Zollvorsteher Khalfan bin Atidsch im Krankenhaus gesehen. Er hat an Gewicht und Stimme verloren und sich von diesem Riesen, der alle Kapitäne, Seeleute und Angestellte das Fürchten lehrte, in ein menschliches Gespenst verwandelt. Aber nicht nur das, er ist auch kleiner geworden. Er hat mich freudig begrüßt und sich freundlich mit mir unterhalten. Stell Dir nur mal vor, er hat sogar nach der Familie in Dubai gefragt! Wer hätte gedacht, dass Khalfan bin Atidsch so bescheiden sein kann! Es wird erzählt, er sei an Tuberkulose erkrankt. Er färbt sein Haar nicht mehr. Es ist grau, selbst seine Wimpern und Augenbrauen sind grau. Der Mann seiner einzigen Tochter war bei ihm, den ich noch nie habe lächeln sehen. Ich glaube, tief in seinem Herzen will er, dass Khalfan stirbt, denn dann wird seine Frau das Vermögen ihres Vaters erben, das er sich recht- und unrechtmäßig angehäuft hat.

Die Sachen, die ich mitgebracht habe – ein Tonbandgerät, ein Radio und zwei Uhren –, habe ich verkauft. Nicht eine Rupie habe ich daran verdient. Der Händler hat mich wohl über den Tisch gezogen. Vielleicht klappt es ja beim nächsten Mal besser! Aber ich bin ja auch nicht zum Handeln nach Indien gekommen, sondern um Onkel Salim zu begleiten. Möge Gott ihn gesund machen.

Liebe Grüße an Dich, die gesamte Familie, die Freunde und jeden, der nach uns fragt. Pass auf Dich auf.

Dein treuer Mohammed Khalifa

Bombay, den 8. Oktober 1970

An meinen lieben Bruder, den verehrten Abdullah Khalifa, meine bösen Vorahnungen haben sich bestätigt. Im Krankenhaus hat man uns gesagt, dass Onkel Salim an Hautkrebs erkrankt sei und für die nächsten vier Monate unter ärztlicher Aufsicht bleiben und sich Behandlungen und Tests unterziehen müsse. Als wir an jenem Morgen ins Hotel zurückgekehrt waren, habe ich versucht, ihn zu trösten. Ich sagte ihm, dass Gott gnädig und barmherzig ist, dass seine Genesung in Gottes Hand liege und viele Todkranke ja wieder gesund geworden seien und ihre Krankheit und ihr Leid besiegt haben. Im Taxi und im Hotel hat er die ganze Zeit kein Wort gesprochen. Sein Gesicht war ganz starr, als hätte er nicht ein Wort von dem gehört, was ich gesagt hatte. Ich war mir nicht sicher, was in ihm vorging. Ob er sich vor dem Tod fürchtete oder ob er auf Heilung hoffte? Nach dem Abendgebet kniete er noch auf dem Gebetsteppich, als er mich ansah und mit trauriger und kummervoller Stimme fragte: »Wie konnte ich bloß an Krebs erkranken? Ich habe doch gar keine starken Schmerzen. In diesen Tagen nimmt sich der Tod die Leute wohl still und leise.« Er ist dann aus dem Hotel gegangen, und ich begleitete ihn. Wir gingen neben dem Gateway of India spazieren, und er blickte aufs Meer. Vier Stunden lang gingen wir auf der Straße am Meer entlang. Ich versuchte, ein Gespräch anzufangen, aber sein strenger Blick brachte mich zum Schweigen. Neben dem Bogen des Gateway of India sah er drei indische Musiker. Der erste spielte Trommel, der zweite eine alte verwitterte Geige und der dritte spielte ein indisches Musikinstrument, das einem Akkordeon ähnlich war. Sie spielten nur ihre Instrumente, ohne zu singen. Schon nach kurzer Zeit merkten wir, dass sie stumm waren. Sie konnten weder sprechen noch singen. Onkel Salim gab ihnen zehn Rupien, über die sie sich sehr freuten. Wir setzten uns dann zu ihnen, und sie spielten fröhliche, traurige und fremde Musik. Sie boten uns an, mit ihnen Haschisch zu rauchen, aber wir lehnten ab. Wir blieben bei ihnen, bis die Sonne aufging. Als wir ins Hotel zurückkehrten, tat mir alles weh. Ich war voll Kummer, als ich sah, wie Onkel Salim sich dahinschleppte. Nachdem wir uns ausgeruht und gegessen hatten, wollte ich Onkel Salim etwas ablenken und nahm ihn mit zum Chowpatty-Strand. Betrübt lief er am Strand entlang, so als sei er auf dem Begräbnis einer geliebten Person.

Als er einige an Lepra erkrankte und missgebildete Bettler sah, sagte er: »Jene Leute haben mehr Glück mit ihren Krankheiten als ich, denn sie atmen die Luft des Lebens. Sie sammeln Geld, sie essen, sie verrichten ihre Notdurft, sie schlafen, und sie wissen, dass sie wieder lebend aufwachen werden. Und wenn sie keine Familie haben, dann haben sie zumindest Menschen, die ihnen manchmal Zuwendung schenken, die Mitleid mit ihnen haben oder ihnen Almosen geben.« Er zeigte auf einen Schwarm Möwen und Krähen am Strand. »Diese Vögel sind besser dran als ich, und auch die Schildkröten und Fische im Meer sind besser dran, denn sie können fliegen und schwimmen, sie leben.« Ein junger Mann ritt auf einem Pferd an uns vorbei, und beinahe wären wir von dem Pferd umgerannt worden. Ich schob Onkel Salim vom Weg. Mit Kummer in der Stimme sagte er ironisch: »In meiner Jugend war ich noch leichtsinniger und stärker als dieses Pferd.«

Wir kamen zu einer Menschenmenge, die einen Kreis gebildet hatte. Als wir nach vorne gingen, sahen wir einen Inder, der sich senkrecht im Sand vergraben hatte. Es schaute nur noch sein Kopf aus der Erde. Um ihn herum waren fünf Kreise in Rot, Gelb und Grün gemalt. Und die Menschen warfen Münzen in die Kreise. Als Onkel Salim sah, dass der Mann jedes Mal lächelte, wenn die Leute Geld in die Kreise warfen, lachte er traurig: »Ich bin wie dieser Inder, es bleibt nur der Kopf übrig. Mein Körper hingegen wird von der Krankheit begraben und ein paar Tage später dann auch mein Kopf.«

Ich habe mich wirklich bemüht, ihn zu trösten, aber ohne Erfolg. An diesem Tag hat er das Hotel nur noch verlassen, um zum Krankenhaus zu fahren. Das einzig Gute an der Sache ist, dass er sich weiterhin fleißig Spritzen und Tabletten geben lässt, obwohl er, wie er immer meint, am Erfolg zweifelt. Bitte erzähl seiner Frau und seinen Töchtern nichts vom Krebs. Sag ihnen einfach, dass er ein Geschwür, Hämorrhoiden oder irgendeine andere harmlose Krankheit hat. Wir wollen nicht, dass sie sich jetzt schon Sorgen machen. Vielleicht wird er ja wieder gesund.

Liebe Grüße an Dich, die gesamte Familie, die Freunde
und alle Lieben zu Hause. Pass auf Dich auf.
Dein treuer Mohammed Khalifa

Bombay, den 20. Oktober 1970

An meinen lieben Bruder, den verehrten Abdullah Khalifa,
wir haben Deinen Brief erhalten, den Du mit Ali Nasche geschickt hast, der vor zwei Tagen in Bombay angekommen ist. Wir sind beruhigt, dass es Dir, der Familie und den Freunden gut geht. Vor einer Woche ist Khalfan bin Atidsch gestorben. Es

war das erste Mal, dass ich seinen Schwiegersohn habe lächeln sehen. Er hat es mir im Saft-Shop Padschah erzählt. Nachdem Onkel Salim davon gehört hatte, verschlechterte sich sein Zustand noch mehr. Er verließ oft das Hotel, ohne mir etwas zu sagen. Ich suchte ihn und fragte herum, wo er sei. Mal fand ich ihn weinend in irgendeiner Moschee, mal brachte ich ihn mitten in der Nacht von den Bordellen in der Paris Road zurück. »In meinem ganzen Leben habe ich nie Glück gehabt. Als ich noch klein war, war ich derjenige, der die meisten Prügel vom Lehrer einstecken musste, und deswegen habe ich nie etwas gelernt. Alle meine Freunde wurden Händler. Sie verkauften Zucker, schmuggelten Gold, verkauften Alkohol und geschmuggeltes Haschisch. Sie verdienten dabei Abertausende. Ich habe einfach kein Glück, ich bin immer noch ein unbekannter Gemüsehändler. Selbst die Frau, die ich heiratete, war nicht schön und gebar mir nur Töchter. Und jetzt bin ich krank und werde bald sterben und zudem noch in fremdem Boden begraben.« Er lässt sich weiterhin fleißig seine Spritzen und Tabletten geben. Er hat mich gebeten, Dir zu schreiben, dass er fünfzigtausend Rupien braucht. Ich weiß nicht, wofür er so viel Geld will. Vielleicht will er es ja den Armen geben, von denen es so viele hier in der Stadt gibt. Am Sonntag habe ich ihn zum Pferderennen mitgenommen. Als das Pferd, auf das er gewettet hatte, gewann, habe ich ihn zum ersten Mal seit vielen Tagen wieder lächeln sehen.

Ich habe den Arzt, der ihn einige Male behandelt hat, nach seinem Zustand gefragt. Er hat gesagt, er könne keine genaue Aussage machen. Ahmad Khalfan war verärgert: »Wenn man seine Krankheit doch mit Operationen heilen könnte! Aber seine Krankheit ist eben anders. Eine merkwürdige Krankheit.«

Liebe Grüße an Dich, die gesamte Familie und die Freunde.

Machs gut.

Dein treuer Mohammed Khalifa

Bombay, den 15. November 1970

An meinen lieben Bruder, den verehrten Abdullah Khalifa, wir haben den Scheck erhalten, den Ihr uns geschickt habt. Onkel Salim benimmt sich seltsam und dumm. Er beharrt auf einer Hochzeit. Ich wollte es ihm verbieten, aber er hat nicht auf mich gehört. Ali Naschi hat mir erzählt, dass das indische Mädchen, das er geheiratet hat, bereits viermal verheiratet war. Sie hat hintereinander drei Männer aus Dubai und einen aus Sharjah geheiratet. Ich habe Onkel Salim davon erzählt, aber er hat sich nicht weiter darum gekümmert. Nach der Hochzeitszeremonie brachten wir die Frau nachts ins Hotel. Onkel Salim gab dem Taxifahrer dreißig Rupien, dem Hotelangestellten gab er sogar ganze zehn Rupien. Am Tag darauf ging er mit seiner Braut zum Bindi-Basar und kaufte ihr dort eine ganze Wagenladung Parfüm und Kleidung. Gestern war er wieder sehr merkwürdig. Er will in Kalikut an der Malabarküste ein Boot bauen lassen. Dazu hat ihn einer der Kapitäne überredet, die über die Schiffsindustrie in Kalikut Aufsicht führen und dann von dort aus zu den Häfen im Golf in See stechen. Er sagte ihm, dass der Bau eines Bootes in Malabar nur ein Drittel von dem kostet, was man in den Häfen am Golf bezahlt. Onkel Salim erklärte mir, dass seine Frau und seine Töchter nach seinem Tod mit dem Boot gut versorgt seien. Es würde sie davor bewahren, auf andere angewiesen zu sein und um Geld bitten zu müssen. Ich habe versucht, ihn davon abzubringen, aber er hört ja nicht. Morgen früh werden Onkel Salim, seine Frau und ich mit dem Zug Richtung Kalikut reisen, um den Beginn des Bootsbaus zu beaufsichtigen. Der Arzt hat uns die für die Reise notwendigen Spritzen und Tabletten mitgegeben. Wenn wir wieder zurück sind, werde ich Dir von der Reise berichten.

Liebe Grüße an Dich, die gesamte Familie, die Freunde und alle, die nach uns fragen. Pass auf Dich auf.

Dein treuer Mohammed Khalifa

Bombay, den 1. Dezember 1970

An meinen lieben Bruder; den verehrten Abdullah Khalifa,
wir sind wieder in Bombay, nachdem Onkel Salim für vierzigtausend Rupien dieses Boot in Kalikut gekauft hat, das jetzt gerade repariert wird. Der Arzt hat uns immer noch nicht gesagt, ob sich sein Zustand verbessert hat oder ob die Krankheit weiter fortschreitet. Er sagte, wir müssten abwarten, was die Behandlung bringt. Das einzig Beruhigende ist, dass der Onkel weiterhin fleißig die Medikamente nimmt. Sein Pessimismus ist einer positiven Einstellung gewichen, was sich auch auf das, was er sagt, und seine Stimmung auswirkt. Er lächelt jetzt mehr, und manchmal lacht er sogar, besonders, wenn er mit seiner indischen Frau herumalbert. Wir haben herausgefunden, dass sie auch mit zwei Arabern verheiratet war, zusätzlich zu den vieren, die Ali Naschi schon erwähnt hatte. Mit einem aus Bahrein und einem aus Ajman. Onkel Salim hat sich von den neuen Enthüllungen über seine neue Frau nicht beeindrucken lassen. Neulich hat er ihr vier goldene Armreifen gekauft.

In diesen Tagen ist es sehr kalt hier, am Meer ist es stets stürmisch. Aber trotzdem geht Onkel Salim jeden Tag mit seiner indischen Frau stundenlang in der Nähe des Gateway of India und entlang der Straße am stürmischen Meer spazieren. Dabei trägt er nichts weiter als sein weißes Gewand und sein rotweiß gemustertes Kopftuch.

Gestern habe ich Aischa, Ali Naschis Schwester, im Krankenhaus gesehen. Man hatte sie für eine Operation am Ohr dorthin gebracht. Erinnerst Du Dich an ihre Hochzeit? Damals wollte ich mich vor Kummer fast umbringen. Komisch, wie sich ein Mensch ändern kann. Als ich sie im Krankenhaus mit ihren dicken Backen und ihrem einfältigen Blick sah, habe ich mich gefragt, wie ich sie einmal für die schönste Frau auf Erden halten konnte.

Liebe Grüße an Dich, die gesamte Familie und die Freunde.
Pass auf Dich auf.
Dein treuer Mohammed Khalifa

Bombay, den 1. Januar 1971

An meinen lieben Bruder, den verehrten Abdullah Khalifa, das Leid ist vorbei. Der Oberarzt im Krankenhaus hat uns gesagt, dass Onkel Salim die Behandlung gut überstanden und seine Krankheit besiegt hat. Er bekommt weiterhin Tabletten und Spritzen, um die Behandlung abzuschließen. Dies kann aber auch in einem Krankenhaus in Dubai vorgenommen werden.

Wir bereiten uns auf die Rückkehr nach Dubai vor. Onkel Salim hat sich von seiner indischen Frau scheiden lassen. Anfangs war sie darüber ziemlich verärgert, aber sie hat sich ein wenig beruhigt, als er ihr auch nach der Scheidung noch zehn goldene Armreifen und eine ganze Wagenladung voll seidener Tücher gekauft hat. Onkel Salim verhandelt jetzt mit einem der Kapitäne, an den er sein Boot verkaufen will, selbst wenn er dabei zwei- oder dreitausend Rupien verliert. Von dem übrigen Geld hat er Seidentücher für seine Töchter und deren Mutter gekauft. In einer Woche werden wir wieder in Dubai sein.

Liebe Grüße an Dich, die gesamte Familie, die Freunde
und alle, die nach uns fragen. Machs gut.
Dein treuer Mohammed Khalifa

Nachwort

Wer in Dubai einfliegt und im klimatisierten Taxi über endlose Avenuen an gleißenden Hochhausfassaden vorbeirollt, sieht die Bilder real werden, die um die Welt gehen: eine glitzernde, hektische Metropole der Superlative, aus dem Wüstensand gestampft, hungrig nach dem Größten, Besten, Modernsten und Luxuriösesten, das der Westen zu bieten hat. Wer als Gast oder Tourist kommt, staunt. Doch wer auf der Jagd nach Kontrakten, Aufträgen und Absatzmärkten ist, dem schlägt dieses Staunen oft um in Verzweiflung angesichts von undurchschaubaren Regeln und Entscheidungswegen. Wie sind die Emirate wirklich? Wie leben und denken die über achtzig Prozent Immigranten und die knapp zwanzig Prozent Emirati, von denen wiederum nur etwa zwei Drittel zu den traditionell hier Ansässigen gehören?

Einen ersten frühen Blick von außen schildert der Forscher und Reiseschriftsteller *Wilfried Thesiger*. Um 1950 findet er Abu Dhabi noch im traditionellen Ruhezustand vor, der amtierende Scheich empfängt den Gast in seiner einfachen Lehmburg. Die Perlenfischerei, über deren Härte *Alain Villiers* mit Anteilnahme berichtet, war der einzige nennenswerte Erwerbszweig in der Region. Es gibt keine Anzeichen, dass einige Jahrzehnte später der gleiche Ort wie von einem anderen Planeten wirkt. *Michael Lüders* rapportiert aus der Perspektive des neugierigen, skeptischen Intellektuellen über das moderne Dubai. Mitten im Hexenkessel der Consultants, Projektmanager und Glücksritter führt *Michael Schindhelm* sein Tagebuch über die außer Rand und Band geratene Großbaustelle Dubai – bis die Finanzkrise zu einer Temporeduktion zwingt.

Wie sehen die Emirati selbst ihre Welt? Poesie ist hier die angestammte Kunstform, und der amtierende Scheich

Mohammed bin Raschid al Maktoum wohl der einzige Staatspräsident dieser Welt, der auch als Poet geachtet wird. »In der Wüste findet nur der Kluge den Weg« – ist dieses Gedicht als Mahnung vor dem Übermaß oder als Antwort auf Kritik zu lesen? Im zweiten Gedicht schaut er ins Gesicht eines alten Mannes und findet darin die Spuren des früheren, harten Lebens. Davon berichtet *Mohammed al-Fahim* im vorliegenden Auszug seiner Erinnerungen. Der Band ist eine Fundgrube für jeden, der sich ein Bild über die Umgestaltungen am Golf im Laufe eines Menschenlebens machen will.

Die darauf folgenden Erzählungen zeigen die sich entwickelnde emiratische Literatur in erstaunlicher Fülle – sie ist bestimmt auch einer energischen Literatur- und Buchförderung des Staates zuzuschreiben. Die Autorinnen und Autoren interessieren sich vor allem für die Schattenseiten – sie tun es, im Unterschied zu den Besuchern von außen, mit einem intensiven Blick auf die Individuen, ihre Emotionen, Geheimnisse, Zweifel und Selbstzweifel.

Auch der Romancier *Ali Abu al-Reesh* greift auf die inspirierende Herausforderung eines alten Mannes zurück: »Der Fischer ist der Einzige, der wirklich schuftet...« In den Erzählungen von *Mariam al-Saadi* und *Ibtisam al-Mu☒alla* sind die alten Frauen die herausfordernden Zentralfiguren – verloren inmitten ihrer im Wohlstand abgestumpften Familien, in Einsamkeit, auf der Suche nach einem bedeutungsvolleren Leben. Das Schweigen zwischen erkalteten Eheleuten, peinigende Klatschsucht bigotter Nachbarn, dann wieder dramatische Lebens- und Liebesgeschichten aus dem Dorf – die Vielfalt der Themen und Tonlagen der jungen emiratischen Literatur ist beeindruckend.

Nasser al-Dhahiri wirft in seiner Geschichte vom indischen Zeitungsverkäufer ein scharfes Blitzlicht auf ein Einzelschicksal aus der Heerschar von Immigranten und Kontraktarbeitern – unsichtbar, meist rechtlos, haben sie die Metropolen am Golf aufgerichtet. Dass Doppelleben und Scheinheiligkeit auch unter den würdigen Bürgern zu finden sind, führt *Muhammad al-Murr* drastisch vor Augen.

Ganz offensichtlich gibt es kaum soziale Tabus in der jungen emiratischen Literatur. Wer sie erforschen will, findet in den Publikationen des Lisan-Verlags (www.lisan.ch) weiteren Stoff zum Lesen und Staunen.

Lucien Leitess

Worterklärungen

Abaya traditionelles islamisches Übergewand
Awamir Stamm im heutigen Oman
Baghila Schiff
Bakschisch Gabe, Geschenk, Almosen
Bayan Al-Bayan, Tageszeitung in Dubai
Bedu arabische, von Kamelzucht lebende Nomaden
Bum (Boom) traditionelles arabisches Holzsegelschiff
Dau (auch Dhau) Sammelbegriff für traditionelle arabische Holzsegelschiffstypen
Dirham Währung der Vereinigten Arabischen Emirate
Dischdasch knöchellanges, meist weißes Männergewand aus Baumwolle
Dolle Befestigungsvorrichtung für das Ruder
Dschinn guter und böser, für den Menschen unsichtbarer Geist
Etihad Al-Ittihad, Tageszeitung in Dubai
Ghee Butterschmalz
Guthra weiße Kopfbedeckung der Männer
Hindustani ursprünglich indoarische Sprache auf dem indischen Subkontinent. Heute bezeichnet der Begriff die im Alltag gebräuchliche mündliche Sprache Nordindiens und Pakistans
Hookah Wasserpfeife
Jailbout, Jalboot traditionelles arabisches Holzsegelschiff
Kaliedsch Al Khaleej, Tageszeitung in Dubai
Kameldorn (Acacia erioloba) auch Kameldornbaum oder Kameldornakazie, Pflanze aus der Unterfamilie der Mimosengewächse
Kandura Knöchellanges, weißes Gewand
Mameluck Sklave, Leibwächter orientalischer Herrscher
Nakhoda Schiffskapitän
Paschtunen ostiranischsprachiges Volk in Süd- und Zentralasien
Poop oberstes Achterdeck auf einem Schiff
Reuse Korb zum Fischfang
Sambuk traditionelles arabisches Holzsegelschiff
Sarong Männerrock aus einer zusammengenähten Stoffbahn
Schawarma Fleischgericht, bestehend aus in Marinade gewürzten großen Fleischscheiben, die schichtweise auf einen Drehspieß gesteckt und gegrillt werden

Suk Marktviertel in arabischen Städten
Tampen Tau-, Kettenende
Trosse starkes Tau, Drahtseil

Autorinnen und Autoren

Mit * gekennzeichnete Titel wurden für diese Anthologie vom Verlag neu gesetzt.

Rauda al-Balushi
wurde in den Vereinigten Arabischen Emiraten geboren und ist eine Schriftstellerin der jüngsten Generation. Da sie aus konservativen Familienverhältnissen stammt, tritt sie selten in der Öffentlichkeit auf. Sie hat sich eine Internet-Identität zugelegt und ist in den literarischen Foren der VAE sehr aktiv.
»Spiegelbilder«, aus: Rauda al-Balushi, *Die Farbe von Sandelholz.* © Lisan Verlag, Basel 2009. Aus dem Arabischen von Leslie Tramontini.

Nasser al-Dhahiri
geboren 1960 in al-Ain. Nach dem Studium der Medienwissenschaften und Französischer Literatur in den Emiraten absolvierte er ein Auslandsstudium an der Sorbonne in Paris im Fach Journalismus. Er arbeitete bei verschiedenen Zeitungen als Chefredakteur, u.a. bei *Al-Ittihad.* Bis heute hat er einen Roman, verschiedene Erzählbände und Essays veröffentlicht. Er ist Mitglied des Schriftstellerverbandes der Vereinigten Arabischen Emirate und zudem als Berater bei einem von der UNESCO ins Leben gerufenen Projekt tätig, in dessen Rahmen Buchempfehlungen in den Tageszeitungen veröffentlicht werden.
»Etihad ... Kaliedsch ... Bayan«, aus: *Lisan Magazin* 06/08. © Lisan Verlag, Basel 2008. Aus dem Arabischen von Amr Kassem.

Mohammed al-Fahim
geboren 1948 in der Oase von al-Ain, hundertsechzig Kilometer von Abu Dhabi entfernt. Für die Wintermonate zog seine Familie jeweils mit den Kamelen nach Abu Dhabi, im Sommer lebte sie in ärmlichen Verhältnissen in al-Ain. al-Fahim verbrachte in seiner Kindheit mehrere Jahre im Palast des Scheichs Zayed, der damals Herrscher über al-Ain war, und erlebte anschließend eine erfolgreiche Geschäftskarriere. Bis 1994 war al-Fahim Vizepräsident der Abu Dhabi Chamber of Commerce and Industry.
»Abu Dhabi – Mit den Augen eines Kindes«*, aus: Mohammed al-Fahim, *From rags to riches. A story of Abu Dhabi,* The London Centre of Arab

Studies, London 2007. © Mohammed al-Fahim 1995. Aus dem Englischen von Alex Bischoff. Deutsche Erstveröffentlichung.

Michael Lüders
geboren 1959 in Bremen. Lüders studierte Arabische Literatur in Damaskus, Islamwissenschaften, Politologie und Publizistik in Berlin. Er promovierte über das ägyptische Kino und produzierte Dokumentarfilme für SWR und WDR. Lüders ist langjähriger Nahostkorrespondent der Wochenzeitung *Die Zeit*. Er lebt als Politik- und Wirtschaftsberater, Publizist und Autor in Berlin.
»Abu Dhabi – Das Lächeln des Propheten«*, aus: Michael Lüders, *Das Lächeln des Propheten. Eine arabische Reise.* © Rotbuch Verlag, Hamburg 1996.

Mohammed bin Rashid al Maktoum
geboren 1949 in Shindagha, ist Herrscher des Emirats Dubai und Premierminister, Verteidigungsminister sowie Vizepräsident der Vereinigten Arabischen Emirate. Er widmete sich bereits in seiner Kindheit der Poesie und publiziert regelmäßig Gedichte.
»In der Wüste findet nur der Kluge den Weg«, aus: Mohammed bin Rashid al Maktoum, *In der Wüste findet nur der Kluge den Weg*, Hanser Verlag, Mün chen 2009. © Mohammed bin Rashid al Maktoum 2009. Aus dem Arabischen von Leslie Tramontini.

Fatma al-Mazru'i
geboren in Abu Dhabi. Sie studierte Geschichte in den Vereinigten Arabischen Emirate. Die Lyrikerin und Prosaautorin veröffentlichte 2003 ihre ersten Kurzgeschichten und schreibt für verschiedene Zeitschriften und Zeitungen in der Golfregion. Für zwei ihrer Kurzgeschichtensammlungen wurde sie mit dem zweiten Platz des emiratischen »Preises für Frauen in Literatur und Kunst« ausgezeichnet.
»Das Gesicht der reizenden Witwe«, aus: Fatma al-Mazru'i, *Das Gesicht der reizenden Witwe.* © Lisan Verlag, Basel 2009. Aus dem Arabischen von Amr Kassem und Manuela Müller.
»Sie steht dort«, aus: Fatma al-Mazru'i, *Das Gesicht der reizenden Witwe.* © Lisan Verlag, Basel 2009. Aus dem Arabischen von Amr Kassem und Manuela Müller.

Ibtisam al-Mu'alla
die in Sharjah geborene Autorin veröffentlichte Kurzgeschichten und Artikel in verschiedenen Zeitungen und Magazinen der Vereinigten Arabischen Emirate. Ihr erster Kurzgeschichtenband mit dem Titel *Licht, das schlafen geht* erschien 2009. Sie lebt zurzeit in London.
»Leicht wie ein Ballon«, aus: Ibtisam al-Mu'alla, *Die Sandburg.* © Lisan Verlag, Basel 2009. Aus dem Arabischen von Marei Grundhöfer.
»Enge Räume«, aus: Ibtisam al-Mu'alla, *Die Sandburg.* © Lisan Verlag, Basel 2009. Aus dem Arabischen von Marei Grundhöfer.

Muhammad al-Murr
geboren 1954 in Dubai, begann al-Murr bereits als Jugendlicher zu schreiben. Er studierte Management an der Universität Syracuse in den USA. Seine Literatur ist einerseits vom Journalismus geprägt, andererseits verwebt er darin auch traditionelle arabische Erzählformen. Humorvoll, zuweilen sarkastisch, aber nie respektlos beschreibt er den Alltag der Leute. Er veröffentlichte drei Bände mit Kurzgeschichten, die teilweise ins Englische übersetzt wurden. Er arbeitet als Banker und Journalist.
»Sechs Briefe«, aus: *Lisan Magazin* 06/08. © Lisan Verlag, Basel 2008. Aus dem Arabischen von Jessica Siepelmeyer.

Mariam Nasser
geboren 1980 in al-Ain in den Vereinigten Arabischen Emirate. Sie studierte Ökonomie und Management und begann im Alter von siebzehn Jahren Kurzgeschichten zu schreiben. Daneben betätigt sie sich aktiv in literarischen Internetforen.
»Manina«, aus: *Café der Engel.* © Lisan Verlag, Basel 2009. Aus dem Arabischen von Kerstin Wilsch.

Ali Abu al-Reesh
geboren 1956 in Ras al-Khaimah. Er studierte Literatur und Psychologie an der Universität Kairo und arbeitete nach dem Studium als Journalist. Er war leitender Redakteur des Feuilletons in der Zeitung *Al-Ittihad* und ist heute bei der Abu Dhabi Authority for Culture and Heritage tätig. Mit vierzehn veröffentlichten Romanen gehört er zu den wichtigsten Romanautoren der Emirate.
»Das andere Gesicht«, aus: *Lisan Magazin* 06/08. © Lisan Verlag, Basel 2008. Aus dem Arabischen von Riham Tahoun.

Mariam al-Saadi
geboren 1974 in al-Ain. Ihren Abschluss machte sie 1997 in Englischer Literatur. Danach studierte sie Bauplanung an der American University in Shajah und widmete sich anschließend den Islamicjerusalem Studies an der Universität in Aberdeen. Obwohl sie einige Kurzgeschichten auch in Zeitungen und Magazinen veröffentlicht hat, gehört sie zu jener Gruppe junger emiratischer Autoren, die ihre Werke zumeist im Internet publizieren. Monatlich schreibt sie für das elektronische Kulturmagazin *Faradis*. In den Emiraten hat sie bereits verschiedene Literaturpreise erhalten. 2007 erschien ihr erster Kurzgeschichtenband.
»Die Alte«, aus: *Lisan Magazin* 06/08. © LisanVerlag, Basel 2008. Aus dem Arabischen von Jessica Siepelmeyer.

Salma Matar Saif
gehört zu den emiratischen Erzählautoren der ersten Stunde. Sie lebt inkognito und schreibt unter einem Pseudonym. Daher zeigt sie sich auch nicht in der literarischen Öffentlichkeit.
»In einer Stunde bin ich wieder zurück«, aus: *Lisan Magazin* 06/08. © Lisan Verlag, Basel 2008. Aus dem Arabischen von Abier Bushnaq.

Michael Schindhelm
geboren 1960 in Eisenach. Er studierte Chemie in Woronesch (Russland). Von 1984 bis 1986 war er wissenschaftlicher Mitarbeiter am Zentralinstitut für physikalische Chemie der Akademie der Wissenschaften in Ost-Berlin. Danach arbeitete er bis 1990 als Übersetzer, Autor und Dramaturg und war anschließend Intendant an verschiedenen Häusern. Im März 2008 wurde er Kulturdirektor der Dubai Culture and Arts Authority, ein Amt, das er im Sommer 2009 aufgab, da aufgrund der Weltwirtschaftskrise das von ihm geplante Opernhaus und weitere Kulturstätten nicht realisiert wurden.
»Dubai Speed – Versuch eines Kulturkomplexes«*, aus: Michael Schindhelm, *Dubai Speed. Eine Erfahrung.* © Deutscher Taschenbuch Verlag, München 2009.

Wilfred Thesiger
geboren 1910 als Sohn eines englischen Diplomaten in Addis Abeba. Er verbrachte seine Kindheit in Afrika und studierte in Oxford und Eton. Nach dem Dienst in der britischen Kolonialverwaltung im Sudan in den

Dreißiger- und Vierzigerjahren reiste er auf abenteuerlichsten Wegen durch die ganze Welt. Später ließ er sich in London nieder, wo er 2003 starb.
»Ankunft an der ›Piratenküste‹, 1950«* (»Die ehemalige Piratenküste«), aus: Wilfred Thesiger, *Die Brunnen der Wüste. Mit den Beduinen durch das unbekannte Arabien.* © Piper Verlag, München 1959.

Alan Villiers
geboren 1903 in Melbourne. Villiers ging im Alter von fünfzehn Jahren auf einem Segelschiff zur See und befuhr die sieben Meere auf Segelschiffen und Takelungen. Er war als Autor und Fotograf tätig. Seine Bücher schildern erlebte Abenteuer und wurden in viele Sprachen übersetzt. Villiers starb im Jahr 1982.
»Die Perlenfischerei – Reichtum und Schrecken«* (»Die Perlenfischer im Golf«), aus: Alan Villiers, *Die Söhne Sindbads,* Hans Dulk Verlag, Hamburg. © Alan Villiers 1956. Aus dem Amerikanischen von Siegfried H. Engel.

Even with great effort some of the copyright holders could not be found. They are kindly requested to contact Unionsverlag.

Der Herausgeber

Lucien Leitess, geboren 1950, studierte Geschichte, Philosophie und Deutsche Literatur. Er gründete 1975 den Unionsverlag, den er seither leitet.

Bildnachweis

8 Thesiger in der Rub' al Khali Wüste (auch Empty Quarter genannt) © Wilfred Thesiger (1948)
14 Ausbeute eines Perlentauchers
35 Blick auf Abu Dhabi
54 Megabaustelle Dubai © Wolfgang Mayer
82 Wanderfalke *(Falco peregrinus)*
87 Kind in Abu Dhabi
97 Fischerfahnen im Wind © Elke Sawistowski
101 Tür zur Al Bidiyah Moschee, Fujairah © tokamuwi
106 Flughafen von Abu Dhabi
118 Straßenschild in Abu Dhabi © tokamuwi
123 Szene aus einem Einkaufszentrum in Dubai
126 Arabische Sklavenhändler
142 Emiratische Briefmarke mit Vogelmotiv
151 Stau auf Dubais Straßen
160 Busfahrer in Dubai
164 Emiratisches Handy und Geld © Jeff Vergara
169 Dhau im Dubai Creek © Darwin Guevarra

Foto Umschlaginnenseite: dblight